Harvard Business Review Press

働くことのパーパス

ハーバード・ビジネス・レビュー 編集部 編
DIAMONDハーバード・ビジネス・レビュー編集部 訳

ダイヤモンド社

Emotional Intelligence
EIシリーズ

Harvard Business Review
Emotional Intelligence
PURPOSE, MEANING + PASSION

PURPOSE, MEANING, and PASSION

HBR Emotional Intelligence Series

by

Harvard Business Review

Published by arrangement with Harvard Business Review Press, Brighton, Massachusetts
through Tuttle-Mori Agency, Inc., Tokyo

働くことのパーパス　PURPOSE, MEANING + PASSION　目次

［日本語版に寄せて］

パーパスとともに生きる時代

BIOTOPE代表　佐宗邦威

「あなたの人生の目的は何ですか」

あらためてこう聞かれた時、自信を持って即答できる人はどのくらいいるだろうか。おそらく、そう多くないのではないかと思う。以前、とある高校生向けの講演で学生さんからこの質問をぶつけられたことがある。仮に普段考えていたとしても、ストレートにぶつけられたらドキリとするものだ。しかしこれは、人生の目的がないからではなく、一言で言い切ってしまうほど明確なのかと言われると疑問を持ってしまうからだと思う。

統計によると「あなたは生きがいを感じていますか」という問いには、七六％近くの人がYESと答える。しかし、「あなたは今の仕事に働きがいを感じていますか」という問いにYESと答えるのは、ガクッと下がり三〇％だという。多くの人は、生きがいを感じて生きている。

しかし、それが仕事のやりがいや、自分自身の生きがいとつながっていない人も多い。以前は、プライベートと仕事を分けることが普通だった。だから、仕事の場が人生のやりがいの中心ではなくても仕方がなかった。しかし、時代は変わった。個人が、むしろ生きがいを投影できる場を、仕事として選ぶ権利を有するようになってきた。

最近多く聞くようになったPurpose（パーパス）という言葉は、もともとは、Pur（＝前に）、pose（＝置く）が語源で、外に向けて開かれた人生の目的という意味だ。個人の人生の目的と、会社における仕事の目的を、会社という場でいかにすり合わせるかという問いは、働き方の変化が起こる中で大きなトピックになっている。

この変化にこそ、戦略デザイナーとして企業のビジョンやミッションをつくるお手伝いをしている僕が、本稿のようなパーパス（＝存在目的）のデザインというテーマで寄稿する機会をいただける理由が隠されている気がする。

個人と会社の関係が変わってきたわけ

そこで、働く場に個人の意義を生み出すことが必要になってきた背景を、考え直してみよう。僕は、ここ二〇年、インターネットによる情報社会が隅々まで広がってきたことで生まれた社会構造の変化がその理由だと思う。

一つ目は、価値基準が多元化し、全員共通の良いもの、という基準がなくなったことだ。インターネットという、個人が自分なりに情報を集め、必要な仕事を見つけたり、つくったりしていけるインフラが整った。一昔前までの日本的雇用においては、企業内のキャリアパスが明確に存在し、給料とポジションによる権力、そして名声が、階段を上るにつれて高まっていく世界だった。大多数の人はこのルールの中で生きていたため、仕事におけるゴールはあえて自分で設定する必要がなかった。

転職による労働市場の流動化が進んだとしても、キャリアアップの軸には市場価値と給料という絶対的な物差しがあった。自分のキャリアゴールを考える際に、金銭を超えた意義を考えるきっかけにはなったとしても、それでも、金銭的報酬を下げてでも意義を優先するということは、それほどメジャーではなかった。

二つ目は、社会の成熟化が進み、ビジネスにおいても、金銭的報酬と同じくらい、やりがいや働きがいなどの意義が重要になってきていることだ。『文化的進化論』を著したロナルド・イングルハートによると、社会が成熟化すると、人は生存欲求よりも、その個別の意味＝文化的欲求を求めるようになる。インターネットネイティブ世代、いわゆるジェネレーションZには、金銭的報酬の最大化よりも、自分がやりがいを感じられる仕事に優先順位を置くという価値観が生まれてきているが、これは、社会の成熟化によって起こっている構造的な変化だ。

実際、イングルハートの分析によると、日本の社会は世界では北欧に次いで、欧州のオランダ、ドイツなどと同じようなフェーズに位置する。経済覇権を争っている中国はもちろん、米国よりもすでに成熟化が進んでいるのが今の日本だ。

パーパスは幸せと相関する

米調査会社ギャラップの調査によると、世帯年収が八〇〇万円を超えたとしても、それ以上幸せは増えないという。むしろ、一緒に働くコミュニティや、心身の健康のほうが幸せと相関が高いのだ。

脳科学的に言うと、パーパスは多くの場合、社会に対して何か貢献をするという形で設定されることが多い。それはつまり、自分ではない誰かのために利他的な行動をすることだ。この利他的な行動をする時、愛情ホルモンとして有名なオキシトシンや、安心ホルモンであるセロトニンが分泌しやすくなる。そして、パーパスを持っている人はストレスにも強く、予期せぬ悪いことがあった時の再起力、いわゆるレジリエンスが高まるという研究結果も出ている。

自分ではない誰かのために生きるというLife in Purpose（＝人生の目的）を持つことは、この激動の時代を生き抜くうえで、個人にとって合理的な行動と言えよう。

個人がパーパスを仕事にできる時代が来た

個人のパーパスを考えていくうえで大事なのは、パーパスを、絶対的な人生の目標や、天職という「変わらないもの」として捉えないことだ。自分のパーパスは、ＢＥＩＮＧ（＝自分の強みや価値観などのバリュー）と、ＴＯ ＢＥ（＝社会において実現したい願いであるビジョン）をつなぐ光の道のようなものだと思う。自分の価値観が変わることで、パーパスの方向性も変わるし、社会の状況が変化すれば向かうべき方向も変わる。

今時点での仮置きでパーパスを設定し、一〜三年くらいのスパンで定期的にデザインし、アップデートを繰り返していくくらいの気楽さがあってもよいのではないかと思う。自律型組織を提唱したフレデリック・ラルーは、その著書『ティール組織』の中で「進化し続けるパーパス」(Evolutionary Purpose) という概念を提唱しているが、それは、パーパスが変わり続けるものと捉えることが、価値が多元的で変化し続ける時代の知恵だということを示唆しているのではないかと思う。

一方、個人のパーパスを仕事にするというのは、これまでは当たり前にできることではなかった。この二〇年を振り返ってみても、企業で突出した成果を残すことができた人だけが、個人のパーパスを仕事にすることができた時代だったのではなかったか。

これは、ビジネスの特性によるところが大きい。ビジネスは利益の最大化を求めるものだ。会社組織はビジネスモデルをつくり上げ、個人はその大きなモデルの歯車となることで利益の最大化に貢献する。これが、企業で働くことの当たり前だった。この構造では、自分のやりたいことがたまたま企業の求める歯車にマッチしたか、圧倒的に成果を出して自由を獲得したトップタレントだけが、パーパスを設定できるというのも当然である。この構造を後押ししていたのが、一九九〇年代からグローバルスタンダードとして入ってきた、株主資本主義だ。企業の目的は、株主利益の最大化である。それが何より優先される以上、この流れは自然なものである。

しかし、今この構造も変わりつつある。気候変動や持続可能性への懸念が高まり、国連が主導したＳＤＧｓ（持続可能な開発目標）など社会課題解決が急がれる中、企業は経済合理性をただ最大化するだけではなく、ＥＳＧ（環境・社会・ガバナンス）を道筋に、バランスよい価値創造を求められるようになった。経済合理性は目的ではなく手段となり、その上位目的の設定が必要になっている。

この社会における企業のパーパスは、経済合理性のようにシンプルに数値で示せるものではなく、また、全員が同じ基準に向かって動くわけではない。企業側も、個人と同様、多元的な価値基準の中で動くようになっていく。したがって企業においても、自社の意義、事業の意義、そして、それを個人の意義にどのようにつなげていくか、が求められている。

複雑な価値を統合するナラティブの力

個人も企業も、経済一本足打法とも言える一元的な物差しから脱却することが求められている時代に、企業と個人のパーパスをどのようにつないでいったらよいのだろうか。

そのキーワードとなるのが、ナラティブだと思う。ナラティブとは、個人の主観による語りのことだ。過去に起こった出来事を時間軸で並べ、その点と点をつなげ、そこでどんなことを感じ、考えて行動したのかという流れを表したものだ。一般的に言われるストーリーや物語は、筋書きがデザインされたものだ。それに対して、個人の主観で即興で生まれるものがナラティブだ。

人は、複雑な事象を理解する時に、自分なりの視点で点と点をつなげて理解する習性がある。いわば星座のようなものだ。個人の経験則や体験から生じた感情を自分なりに意味づけするには、左脳側にある解釈モジュールがナラティブを生み出し、複雑な概念を形づくることで、理解できるものとなる。人の信念は、この「情報インプット↓感情↓ナラティブ化」によって新たに生まれたり、今までの信念も書き換わったりする。これを何度も繰り返して、自分の人生に筋書きのある物語が生まれていく。

しかし、このループは必ずしも常に回っているわけではない。価値観の尺度が不明確になり、認知的混乱に陥った時、いわゆる転機には、自分なりに過去の経験や知識と、今起こっていることをつなぎ合わせて、新たに自分なりに大きな物語を書き直すことも必要だ。

たとえば、トランプ大統領が誕生した時、多くの人がなぜその現象が起こっているのか理解できなかった。グローバルにつながり、一つの方向に向かっていると思っていた世界に、実は反グローバルの分断が生まれているのを見た時、自分たちのビジネスや自分自身がどのように対処したらよいのかを、あらためて考え直した人も多かったのではないか。

個人にはそれぞれのナラティブがある。そして企業には、無数のナラティブが一つの「過去—現在—未来」の流れとして編纂された大きな物語がある。これが、ビジョンや戦略、そして、過去の歴史になっていく。企業は、ビジョンという大きな筋書きを持った物語を語ることで、社員はその物語に自分を投影し、触発され、そして新たな物語を生み出す。それを、相互に語り合うことで、新たな意味が生まれ、価値が創出される行動が生まれていく。

企業と個人をつなぐ「年表ワーク」

個人が主観で感じるパーパスの語り（＝ナラティブ）と、企業のパーパス（＝ストーリー）を重ね合わせ、相互作用的に新たな意味の物語を生んでいくというのが、企業における意味の新陳代謝の仕組みであり、これからの時代の経営には必要なのではないかと思う。

企業において、個人のナラティブと企業のストーリーを重ね合わせ、各人が自分なりに新たな意味を生み出すナラティブの場にオススメのワークがある。年表を作成するクロニクルワークショップだ。企業のパーパスやミッションをデザインする際、さまざまな立場の人の「過去―現在―未来」をつなげて物語をつくる時に使用すると効果的だ。

まずは自分自身の過去一〇年を思い返し、主な出来事を一五分程度で書いてみよう。次ページの図のように、個人、組織、社会と分けて記載するとよい。次に、今後一〇年（別に三〇年でもかまわない）に起こってほしい出来事を書き出してみる。

各人の記入が済んだら、今度は大きな模造紙を用意し、個々人の年表の内容を書き写して一つの大きな年表に統合する。カラーペンを利用し、人によって色を変えるとわかりやすい。

年表ワーク

	2010	2015	2020	2025	2030
個人					
組織					
社会					

こうして統合された大きな年表を前に、あらためてメンバー一人ひとりに自らの「過去―現在―未来」の物語を語ってもらう。そして、その個人の物語において、組織で働くことがどのような意味を持つかを全員一緒に考えていく。これを人数分繰り返す。

最後に、全員で組織が存在する意義や、その将来の可能性について議論していく。この全員の「過去―現在―未来」が重なる点が、個人と組織のパーパスが重なる点だ。

実際に議論をしてみると、一見バラバラに見えている組織でも、共通のエッセンスを見出せることが多い。それをもとに対話を行えば、過去の歴史が捉え直され、そして未来に向けて新たなナラティブが生まれる。時間軸をイメージしてナラティブ化された未来は、かなりの確率で行動に移されることが多い。

常に一人ひとりがパーパスを問い、未来のナラティブをつくり、アップデートする場があれば、「あなたの人生の目的は何ですか」という問いにドキリとすることはなくなる。「あなたはどこから来て、どこに向かおうとしているのですか」という問いに、常にその場で感じたことを話す。それが、今の時代にパーパスとともに生きるということだと思う。

1

あなたは仕事に意義を感じているか

Harvard Business Review
Emotional Intelligence
PURPOSE, MEANING + PASSION

モルテン・ハンセン
Morten Hansen
ダッヒャー・ケルトナー
Dacher Keltner

*"Finding Meaning at Work, Even When Your Job Is Dull,"
HBR ORG, December 20, 2012.*

仕事にやりがいを感じられない人がこれほど多いのはなぜか

あなたは仕事に意義を感じているだろうか。あるいは、空しさを感じているだろうか。

米国人は一週間に平均して三五～四〇時間働く。ここから生涯の労働時間を計算すれば、ゆうに八万時間を超える。おそらく自分の子どもと過ごすより長い時間だ。

それほどの時間を費やす仕事から、あなたは給料以外に何を得ているだろう――人生で、この問いより重要な問いはそれほど多くない。

仕事が空しく、不快で、雑用にすぎないとすれば、身体も気持ちも萎《な》えてしまうだろう。悲しい人生だ。ところが、ある大がかりな調査の結果、仕事にやりがいを感じている人は、全労働者の三一％しかいないことが判明した。(注1)

仕事を楽しんでいない人が多いというのが事実だとしても、仕事は間違いなく、たくさんの有意義な経験を働く人に与えてくれる。はたして、仕事の何がそうするのだろう。

そのことを考えるために、筆者らは組織行動学や心理学の文献調査を行った。仕事の意義について書かれた文献は数多くあって、ニーズ（必要の充足）、モチベーション（動機・意欲）、

1. Finding Meaning at Work, Even When Your Job Is Dull

ステータス（地位）、パワー（権限）、コミュニティ（社会的帰属意識）など、さまざまな角度から理論が展開されていた。

「仕事の意義」というのは、仕事を通して体験できる何か有意義なこと——何らかの価値——に注目した言葉である。仕事の内容そのものに焦点を当てた「意味のある仕事」という言葉とは異なることに注意してほしい。仕事は、それ自体の価値を超える経験を人にもたらす社会的活動なのである。

以下に、私たちが文献調査から見出した「仕事の意義」を紹介するが、あらかじめ次のことに留意しながら読んでいただきたい。

- 仕事にどのような意義を求めるかは、人によって異なる。
- 仕事や職場が違えば、そこから得られる意義も異なる。

それでは、以下に仕事の意義を四つの分野、八つのポイントに沿って見ていこう。

(1) 目的

ポイント① 自分一人の力を超える貢献

キヴァという非営利団体で働いている人々は、貧しい人がスモールビジネスを立ち上げて生活を改善できるよう、マイクロローン（無担保小口融資）を提供する仕事をしている。彼らの仕事には、困っている人を助けるという明確な目的がある。その仕事を通じて、自分一人だけの力ではできない社会貢献ができ、意味ある人生を送ることができる。

だが、たいていの仕事にはそんな立派な目的はない。多くの仕事は基本的に決まりきった手順の繰り返しで、そもそも、会社が社会的使命を意識していないことさえ多い（その事実には正直に向き合うべきだ）。

ミディアム・オンライン・パブリッシング・プラットフォームのアメア・ハクなどは、ハンバーガーや人工甘味料入りドリンク、ファッション衣料を売るような仕事に高次の目的は存在しない、と手厳しく批判している。この立場に立てば、コカ・コーラが展開した「オープン・ハピネス」キャンペーンなどは空虚なスローガンの最たるものということになる。

1. Finding Meaning at Work, Even When Your Job Is Dull

他方、ハーバード・ビジネス・スクール名誉教授のテレサ・アマビールと心理学者のスティーブン・クレイマーは、多くの仕事はそこに何らかの目的を持たせることができると主張する。(注2)

実際に、社会的責任を意識する企業は、そのための努力を惜しまない。たとえば、ヨーグルトなどの食品を販売するダノンは、売上規模二五〇億ドルという成功を収めており、自社の事業を「健康的な食品を提供すること」と規定している（そのためビスケット事業を売却した）。

ここでのカギは、仕事が人々の暮らしに良い貢献をしているかどうかという点だ。そう思えるなら、従業員は仕事の意義を実感することができる。

(2) 自己実現

ポイント② 学習

ＭＢＡ取得者の多くは、価値あるスキルを早急に身につけたいと考え、マッキンゼー・アンド・カンパニーやボストン・コンサルティング・グループ、その他の有力コンサルティング・

ファームに職を求める。ゼネラル・エレクトリック（GE）は、優秀なゼネラルマネジャーを育てることで定評があり、マーケターになりたい人は、プロクター・アンド・ギャンブル（P&G）で働きたがる。

つまり、仕事は人に学びの機会を与え、可能性を広げ、自信をつけさせてくれるものなのだ。個人としての成長は、仕事の意義の一つである。

ポイント③ 達成

私たちは仕事によって何かを成し遂げ、人に認めてもらうことができる。それによって満足や自信を得ることができ、自分に価値があると思うことができる。

『二郎は鮨の夢を見る』というドキュメンタリー映画は、完璧なすしを握るために努力する日本のすし職人の姿を描いている。『フィナンシャル・タイムズ』に寄稿したルーシー・ケラウェイのように、そこには特段の社会的使命と言えるものはない、と言う批評家もいる。

しかし、この映画を見れば、小野二郎が完璧を追求すること――常に素晴らしいすしを握ること――に人生の意味を感じていることが伝わってくる。小野にとっての仕事、すなわちすし

1. Finding Meaning at Work, Even When Your Job Is Dull

を握ることは、深い内的満足をもたらしてくれるものなのだ。

(3) 地位と名誉

ポイント④ ステータス

カクテルパーティでは、「ところで、お仕事は何をしておられるのですか」と尋ねるのが定番の話題である。そこでさらりと、「ハーバード大学医学部の医師です」などと言えるのが、ステータスというものなのだろう。その瞬間に、過酷な夜勤に耐えた苦労が報われると感じる人もいる。

ステータスの高い組織で働く人は、周囲の人から尊敬され、承認され、自分は価値ある存在だと感じることができる。そこに働く意義を感じる人は確かに存在する。

ポイント⑤ パワー

ハーバード・ビジネス・スクール教授のポール・ローレンスとハーバード・ビジネス・ス

クール学長のニティン・ノーリアが『ハーバード・ビジネススクールの〈人間行動学〉講義』(注3)で述べたように、仕事を通じて私たちはパワーを獲得し、またそれを行使する機会を得るものである。

全員がそうだとは言わないが、パワー志向の人は、パワーを獲得し、行使できるところに仕事の価値を感じる。

(4) 社会性

ポイント⑥ コミュニティへの帰属意識

従業員が会社への帰属意識を感じられるように、格段の努力をしている会社がある。有名なところでは、サウスウエスト航空などがよく知られている。

一人でボウリングをする人が増えてきた孤独な社会では、人々は友だちをつくれるコミュニティを求めている――ハーバード・ケネディ・スクール教授のロバート・パットナムが、まさに同名の著書『孤独なボウリング』の中で指摘したように(注4)。

また、職場は、さまざまなコミュニティ（家族、近隣、クラブなど）を補完し、場合によってはそれに代わることさえある。

職場を自分の居場所だと思うことができれば、私たちは働きがいを感じられるのだ。

ポイント⑦ 変化や影響の手応え

自分の行動が何らかの変化や影響をもたらす時、仕事に意義があると感じられる。たとえば、会議で自分の意見が採用された時や、自分の働きで会社の業績が向上したような時だ。

自分がこの組織に真に関わっているという手応えは、私たちに仕事の意義を感じさせてくれるのである。

ポイント⑧ 自律性

ダニエル・ピンクが『モチベーション3・0』(注5)で示しているように、人間のなかには自律性（オートノミー）を求める強い動機が存在する。自由裁量のある仕事を好む人がいるのはそのためだ。

あれこれ指図されずに自分のやり方で仕事を進め、やり遂げることのできる自由には魅力がある。とりわけ起業家精神に富む人は、自分が自分のボスであらんとするために起業することが多い。

このような自由もまた、仕事に意義を与える。

＊　＊　＊

仕事に意義を与えるものは他にもあるだろうが、以上の八つのポイントは特筆に値すると考えられる。あなたにとって重要なものはどれだろう。いまの仕事、いまの職場は、あなたに何を与えてくれているだろう。

たくさんあればよいというものではないし、どれか一つ、深いレベルで体験できていればそれで十分なのかもしれない。だが、もし何もないなら問題である。

モルテン・ハンセン（Morten Hansen）
カリフォルニア大学バークレー校教授（経営学）。著書に『効率を超える力』（三笠書房）がある。

ダッヒャー・ケルトナー（Dacher Keltner）
カリフォルニア大学バークレー校教授（心理学）。著書に*Born To Be Good: The Science of A Meaningful Life*（未訳）がある。

2

仕事への情熱を失ったら、四つの方法で乗り越える

アンディ・モリンスキー
Andy Molinsky

"What to Do When Your Heart Isn't in Your Work Anymore,"
HBR.ORG, July 10, 2017.

かつての情熱が失われた時、どうすべきか

理想の世界なら、私たちの仕事人生は完璧なまでに充足していて、意義深く、自然とやる気が湧いてくるものである。だが、現実にそうでないとしたら、どうすればよいのだろう。かつては大好きだったのに、もはや情熱を失ってしまった仕事やキャリアに縛られているとしたら、どうだろう。

そんな思いを抱えている人は、意外に多い。二〇一七年のギャラップの調査によれば、仕事に積極的に取り組んでいると感じる従業員の割合は、米国では三人に一人にすぎない。言い換えれば、常に高水準の自発性と思い入れ、情熱と生産性を持って仕事に取り組んでいる人は、三人に一人しかいないということだ。(注1) 要するに、大半の従業員は仕事に満足していないことになる。

実際、このような違和感を抱く理由は、いくらでも考えられる。

同じことを何度も繰り返して行うことに、行き詰まりを感じているのかもしれない。自分のしている仕事に意味などあるのだろうか、と疑問を持ち始めたのかもしれない。過剰に管理さ

れていると感じたり、あるいは、学習や成長を気にかけてくれるリーダーがいないと感じてたりしているのかもしれない。この仕事を始めた頃に比べて、あなた自身が成長し、発展を遂げてきたために、人生における情熱や優先事項が変化した可能性もあるだろう。

こうしたキャリア不調の例には事欠かない。企業研修を行っている最中や、企業での講演後のディスカッションの最中、また家族や友人との会話のなかで、私は日常的に見聞きする。もちろん、どんな状況も笑って耐える、という人々もいる。だが、現在の科学的研究結果から、新鮮さのない仕事人生に新風を吹き込む、あるいは新しい角度からそれを再設計する方法がいくつか提案できる。

以下に紹介しよう。

人生のこの時点で、仕事から得たいものを評価する

誰もがばりばり仕事をするキャリアを望んでいるわけではない。実際、イェール大学スクール・オブ・マネジメント教授のエイミー・リゼスニュースキの研究によれば、人には次の三つ

のタイプがあるという。（注2）

①仕事をキャリアと考えるタイプ
②仕事を単なる仕事と考えるタイプ
③仕事を天職と考えるタイプ

おそらく驚くことではないだろうが、相対的に高いパフォーマンスを見せ、仕事により大きな満足感を抱いているのは、③のタイプだ。

ここでカギとなるのは、あなたがいま、大事に思っている対象を見極めることである。あなたの原動力になっているのは何か、何に夢中になっているのか、何によって心底やる気になるのか。

そして、そこから再設計するのだ。二〇代の頃に仕事の原動力になっていたものが、もはや魅力的でない可能性は十分にある。四〇代、五〇代、あるいは六〇代の自分自身を、二〇代の頃の熱意に無理やり押し込めてはいけない。

そうすれば、たとえ真の天職が見つからない場合でも、少なくとも有意義な仕事経験を見つける確率は高まるはずだ。

「ジョブ・クラフティング」できる部分があるかどうか検討する

現在の職務に工夫を凝らす「ジョブ・クラフティング」という発想、具体的には職務の一部を微調整して、より大きな意義と満足感を得ることについては、相当の研究がこれまでになされている。組織行動学者のジャスティン・バーグ、ジェーン・ダットンおよびエイミー・リゼスニュースキの研究結果によれば、豊かな想像力を効果的に発揮して、仕事を個人的に有意義な形に再設計することが可能だという。

たとえば、分析することは楽しめても販売は好きになれない、という人の場合、分析に重きを置く職務に調整できないか。他人と協力して行動するのは大好きだが、いまは孤独を感じている場合は、プロジェクトにより多く関わる方法を見つけられないか。

前述のバーグ、ダットンおよびリゼスニュースキの研究に参加した一人は、マーケティング職を設計し直し、もともとは職務の一部ですらなかったイベント企画により関与できるようにした。その理由は単純で、イベント企画が好きで、かつ得意だったからだ。その結果、会社に付加価値をもたらし、自分自身の仕事経験にも付加価値を与えることができた。(注3)

あるいは、こんな方法も検討するといい。自分が職務設計士であると想定して、自身の職責について「ビフォー」と「アフター」を描いてみるのだ。ここでの「ビフォー」はパッとしない現状を表し、「アフター」は将来の可能性を表している。(注4)

このように、何か新しい手を少し加えることで、職務を再設計できないだろうか。たとえわずかでも、時には、最小限の調整をするだけでも、仕事経験が質的に有意義に変化する可能性がある。

仕事以外の分野で情熱に火をつける

情熱を燃やす対象は、「時間がないから」と自らに言い聞かせてあきらめてきた潜在的な趣味とか、職務やキャリアとは無関係の個人的なプロジェクト、あるいは、革新的なアイデアや起業家的なアイデアを比較的小規模で実験できる場の「副業」であるかもしれない。

仕事以外に情熱を注げる対象があれば、九時から一七時までの日常業務の単調さを埋め合わせることができる。

このように自分の気持ちを前向きにする努力は、予想外のプラス効果を仕事にまでもたらす可能性もある。エネルギーとインスピレーションが仕事の外で得られた結果、仕事のうえでも工夫を凝らしたり、仕事の一部で実際にはいまも好きな職務に、改めて打ち込んだりすることができるようになる。(注5)

それでもうまくいかなければ、思い切って変える

家の住み替えを検討するように、キャリアの変更を検討してみよう。家を初めて購入した時、満たされるべき要件があったはずだ。だがそれ以来、優先事項が変化したかもしれない。あるいは、単にその家に収まり切れなくなった場合もあるだろう。

さて、引っ越すか、改修するか、それとも現状のままでいるか。職務とキャリアについても、

これとまったく同じように考えられる。優先事項とニーズが変わったのではないか。職務を微調整あるいは「リノベーション」することは可能か。それとも、踏ん切りをつけて次に進む必要があるか。

言うまでもなく、転職を選択する場合は、思い切って実行する前に、じっくりと考えて準備するといい。その場合は、興味のある職種に従事している人たちと情報交換を行い、財源を整え、そして新たなキャリアを（週末とか夜間とかに）試してみればいい。すべてを一気に変更することにおじけづく場合もあるだろう。だが、仕事に心底不満を感じているのであれば、この選択肢を検討することが重要だ。

ただし、最も重要なことは、仕事への興味が薄れていることに気づき始めた時でも、希望を失わないことだ。情熱を再燃させるための方法、あるいは、少なくとも絶望感に陥らないように若干の変更を加える方法は、必ず見つけられる。キャリア・リノベーションという道を歩むうちに、自分自身のレジリエンス（再起力）と才覚の豊かさに気づいて驚くはずだ。

アンディ・モリンスキー（Andy Molinsky）

ブランダイス大学インターナショナル・ビジネス・スクール教授。担当は組織行動学。近著に『ひっこみ思案のあなたが生まれ変わる科学的方法』（ダイヤモンド社）などがある。

3

パーパスとは見つけるものでなく、自らつくるものである

ジョン・コールマン
John Coleman

"You Don't Find Your Purpose? You Build It,"
HBR.ORG, October 20, 2017.

多くの人が陥る三つの誤解

「どうすればパーパスは見つかりますか」

私は、ダニエル・ガラッティ、オリバー・セゴビアとの共著書『パッション&パーパス』（未訳）[注1]を二〇一一年に刊行して以来、年齢を問わず幅広い層から、パーパスについて何百もの質問を受けてきた。みんな、パーパスを探しているのだ。ほとんどの人は「パーパスは見つかっていない」か、「パーパスを見失ってしまった」か、あるいは「パーパスに行き着いていない」と感じている。

だが、この暗中模索の真っただ中にいる人たちは、私から見れば根本的な誤解をしている。それを端的に表しているのが、「どうすればパーパスは見つかりますか」という、私が最も頻繁に受ける質問だ。

こうした誤解を正すことで、パーパスについて、より健全なビジョンを持てるようになるはずである。

以下、一つひとつひも解いていこう。

誤解① パーパスは見つけるものである

ソーシャルメディアで、心に響く言葉として、マーク・トウェインのものとされる名言が引用されているのをよく目にする。

「人生で最も重要な日は二つある。生まれた日と、生まれた理由を知った日だ」

この引用句は、私に言わせれば、目的の「ハリウッド版」そのものだ。『マトリックス』のネオや、『スター・ウォーズ』のレイのように、日々暮らしながら、より高尚な使命が天から啓示されるその瞬間をひたすら待っている、というわけだ。

誤解しないでいただきたい。そういうことも実際に起こりうる。私は最近、チャリティーウォーター創設者のスコット・ハリソンの講演を聞いた。いろいろな意味で、ハリソンの話は、放浪の期間を経て、いかにより価値の高い目的を見つけたかという内容だった。

ただし、こうしたことは、多くの人が考えるよりずっと少ない。平均的な二〇歳の大学生や、達成感のあまりない仕事をしている四〇歳にとって、人生に意味を与える特効薬を探し求める努力は、実を結ぶ可能性よりも、失望に終わる可能性のほうがずっと高い。

仕事上のパーパスを達成するにあたり、私たちは仕事に意義を見出すのと同じくらい、仕事に意義を与えることに注力する必要がある。言い換えれば、パーパスはつくるものであり、見つけるものではない。

ほとんどどんな仕事も、素晴らしいパーパスを持ちうる。

スクールバスの運転手は、何十人もの子どもたちに気を配って守るという重大な責任を引き受けており、子どもたちがしかるべき教育を確実に受けられるようにするうえで不可欠な存在だ。看護師は、患者の治療においても、患者が人生で最も困難な時期をくぐり抜けるうえでも、重要な役割を果たしている。レジ係は、客に親しみのこもった気持ちのよいやりとり（何より必要なものだったりする）を提供することもできれば、いい加減な応対をしたり、残念な印象を残したりする可能性もある。

だが、これらの例のいずれにおいても、仕事の何に意味や意義があるかを真剣に考え、その意味が高められ、注目されるような方法で実行に移すことで、パーパスが生まれる。もちろん、比較的自然に意義と結びついている仕事もあるだろうが、多くの場合は、仕事に望ましい意義や目的を与えるには、少なくとも何らかの意図的な努力が必要だ。

3. You Don't Find Your Purpose? You Build It,

誤解② パーパスは一つしかない

よく耳にする第二の誤解は、パーパスは一つに絞られるという思い違いだ。なかには、人生の絶対的なパーパスを持って生まれてきたように見える人もいる。マザー・テレサは、貧しい人々に尽くすことに人生を捧げた。サミュエル・ジョンソンは、執筆に心血を注いだ。マリ・キュリーは、研究に精魂を傾けた。

とはいえ、これらの偉人たちでさえ、他にも人生のパーパスはあった。マザー・テレサはより価値ある使命と信じるものの一環として、貧しい人々に尽くした。ノーベル賞を受賞した科学者のキュリーは、献身的な妻であり、母でもあった(夫ピエールの伝記を執筆し、長女のイレーヌもノーベル賞を受賞している)。そして文学者のジョンソンは、著作物が有名だっただけでなく、地元のコミュニティでは偉大な人道主義者として知られ、しばしば貧しい人々の世話を自ら買って出ていた。

ほとんどの人にとって、人生にはパーパスが複数ある。私の場合は、子どもたちと結婚生活、信念、執筆、仕事、そしてコミュニティのなかに生きる意味を見出している。ほぼ誰にとっても、パーパスを見つける対象が一つということはありえない。探すべきはたった一つの目的ではなく、いくつもの目的だ。つまり、仕事と生活に価値を見出す助けになる意義は、複数の源から見つけられるのだ。

仕事におけるコミットメントは、この意義のほんの一つの要素にすぎない。しかも往々にして、仕事はパーパスの中心ではなく、家族やコミュニティなど他の人たちをサポートするための手段であることが多い。

そもそもパーパスには複数の源があることを認識すれば、「人生に意味を与える、たった一つのものを見つけ出さなければ」というプレッシャーから解放される。

誤解③ パーパスは時間が経っても変わらない

いまや、生涯に複数のキャリアを持つのはよくあることだ。(注2)

たとえば、私の知り合いの一人は最近、スタートアップ企業を設立するにあたり、成功を収めていたプライベート・エクイティのキャリアに終止符を打った。別の知り合い二人は、公選職に立候補するために、ビジネスキャリアからの転身に踏み切った。転職するにせよしないにせよ、たとえば幼年期と青年期、子育て期、そして子どもたちが巣立った後の時期など人生のさまざまなステージで、私たちの人生に意味をもたらすものは変わる。

このようにパーパスをもたらす源が変わっていくのは、浅はかさやコミットメントの欠如の表れではない。自然で良い流れなのだ。誰もが複数の場所で意義を見出すのとまったく同じように、意義の源も時間とともに変化しうるし、また実際に変化する。私が二〇歳だった頃の興味の中心と目的意識は、現在のものとは、いろいろな意味で劇的に変わった。同じことは、あなたが出会うほぼ誰にも言えるはずだ。

＊　＊　＊

どうすればパーパスが見つかるか。これは、間違った質問の仕方である。

やることすべてにパーパスを与えること、意義には複数の源があり、それらが人生の流れのなかで自然に発展していくのを認めること、そして、時を経て変わるものと受け止めることを目指していくべきだ。

「パーパス」と私たちが呼ぶものの中身を取り出してみることで、人生における目的の存在意義と役割がよりよく理解できるようになる。

ジョン・コールマン（John Coleman）

著述家。共著に*Passion & Purpose*（未訳）がある。

3. You Don't Find Your Purpose? You Build It,

4

「天職」ではない仕事に意義を見出す方法

エミリー・エスファハニ・スミス
Emily Esfahani Smith

"How to Find Meaning in a Job That Isn't Your 'True Calling',"
HBR.ORG, August 3, 2017.

なぜ多くの人たちが仕事に意義を見出せずにいるのか

自分の仕事にやりがいを感じる人が少ないのは、なぜだろうか。

私は数年前、こうした問題を研究しているイェール大学スクール・オブ・マネジメント教授、エイミー・レズネスキーにそう尋ねてみた。その答えは、とても納得がいくものだった。学生は、「自分の天職はどこか見えないところに隠れていて、多くの場所を探せばきっと見つかると考えている」のだという。

調査によると、ミレニアル世代が仕事から得たいと考えている最大の要素は「意義」である。一方で、レズネスキーの研究によれば、いまの自分の仕事が天職だと考えている人は五〇%に満たない。したがって、レズネスキーが教える学生のなかには、不安と焦燥にかられ、せっかくの素晴らしい就職先やキャリアにまったく満足できないケースが少なくないという。(注1)

そうした学生（そしておそらく、私たちの多く）は、わかっていない。たとえ自分の仕事を天職と思えなくても、働くことへの意義は見出せるのだ。

米国で最もよくある四つの職種は、小売店の販売員、レジ係、調理人・給仕、そして事務員である。こうした仕事が「意義」という言葉とともに語られることはあまりない。(注2) しかし、これら四つの仕事には、聖職者や教師、医師などとの共通点がある。彼らは人を助けるのだ。そして、ペンシルバニア大学ウォートン・スクールのアダム・グラント教授の研究によれば、自分の仕事を「人の役に立つ」と考えている人々は、意義をより強く感じる傾向がある。(注3)

ということは、ほぼすべての組織のほぼすべての役職で、仕事に意義を見出すことが可能なはずだ。大半の企業が製品やサービスをつくり出しているのは、世の中のニーズを満たすためであり、従業員はすべて、それぞれの方法でそれに貢献しているのだから。重要なのは、自分が提供しているサービスに、全体として個人として、もっと強い関心を持つことである。

それでは具体的に、どうすればよいのだろうか。

エンドユーザーや受益者とつながりを持つ

その方法の一つは、エンドユーザーや受益者とつながりを持つことである。グラントとそのチームによる研究によれば、ある大学のコールセンターの資金調達担当者らは、調達した資金で実際に学業支援を受けている学生に紹介された場合、寄付の候補者と電話する時間が一四二％増えた。調達金額も、奨学生に会っていない担当者と比べると一七一％高いという。社内外を問わず、あなたの顧客にもっと注意を向けて、顧客の暮らしや仕事をどのように助けているかを知れば、自分の仕事に意義を見つけやすくなる。

組織のパーパスや愛する人を思い出す

もう一つの方法は、あなた自身とあなたが属する組織のパーパス（重要な目標）を、常に忘れないことである。一九六二年、ジョン・Ｆ・ケネディがＮＡＳＡ（米国航空宇宙局）で出会った清掃員に関する印象深いエピソードがある。大統領が清掃員に、どんな仕事をしているのか尋ねたところ、清掃員は「月に人類を送り込む手助けをしています」と答えたという。ライフ・イズ・グッドは、棒人間のイラストがついたカラフルなＴシャツで知られるアパレル企業である。そのミッションは、楽観主義と希望を全世界に広めることだ。倉庫で働く従業員も、それを心得ている。

もしあなたが会計事務所で働いているのなら、税務処理という厄介な仕事を肩代わりすることで、顧客や顧客企業を助けていることになる。ファストフード店で調理を担当しているのなら、家族連れの顧客に安価でおいしい食事を提供している。いかなる仕事も、この世界で何かしらの目的を果たしているのである。

自社のミッションや顧客のことを考えたところで少しもわくわくしない場合は、自分が愛する人たちのために働いていると思うことで、サービス精神を持つことができる。

メキシコのクーポン処理工場で働いている女性たちに関する研究を見てみよう。WHUオットー・バイスハイム経営大学のヨッヘン・メンゲス教授率いる研究チームによれば、仕事がつまらないと回答した人は、やりがいがあると答えた人と比べて、概して生産性が低かった。しかし、つまらないと答えた人のなかでも、（どんなに退屈でも）家族を支える手段の一つと見なしている場合は、生産性への影響が見られなかった。こうした意義を自覚している人は、やりがいを見出している人と同じくらい生産性が高く、意欲的だったのである。

同様の形で、自分が働く目的を見出している人も少なくない。彼らにとって仕事の目的とは、住宅ローンを返済するためであったり、休暇に出かけるためであったり、ボランティア教師やガーデニング、木工など、人生を豊かにしてくれる趣味のためであったりする。

＊　＊　＊

誰もがただ一つの天職に出会えるわけではない。しかし、だからといって、意味のない仕事をするしかないわけではない。自分の仕事を、人を助ける絶好の機会だととらえることができれば、どんな職業もより意義深く感じられるはずだ。

エミリー・エスファハニ・スミス（Emily Esfahani Smith）
著述家。スタンフォード大学フーバー研究所の編集者を務め、ナインティセカンドストリートYおよびシチズンユニバーシティと協働で、市民活動を意義深いものとすることを目指すプロジェクト「ベン・フランクリン・サークル」を運営している。著書に*The Power of Meaning*（未訳）がある。

5

仕事もキャリアも人生も、パーパスがなければ輝かない

ダン・ポンテフラクト
Dan Pontefract

"You're Never Done Finding Purpose at Work,"
HBR.ORG, May 20, 2016.

その仕事は、自分自身のパーパスと合っているか

あなたは月曜の朝、職場に行くのが楽しいだろうか。それとも、いやいや出勤しているだろうか。それは、新しくやってきた上司のせいで雰囲気が悪くなってしまったのか、会社が買収されて、職場の雰囲気が変わってしまったのか、それとも、同じ仕事の繰り返しに飽きてしまったのか。

仕事を楽しめるかどうかは、突き詰めれば、仕事が自分自身の目的、すなわちパーパスと合致しているかどうかにかかっている。働く場所、役割、広い意味の目的――これら三つは固定的なものではない。したがって、三つともが良好なスイートスポットで仕事をしたければ、転職やキャリア転換を恐れてはいけない。妥協せず、理想の仕事を追求すべきだ。

パーパスを持って生きることは、幸福な人生にとって重要だ。実際、健康寿命に関する研究では、人生の目的を持っている人は死亡リスクが一五%低いことがわかっている。(注1)職場での役割に目的意識を持つことも重要だ。パーパスは一度決めたら最後まで変えないというものではない。状況と自分自身の変化に合わせて、常に見直す必要がある。

ワクチン製造の大手、サノフィパスツールの幹部であるセリーヌ・シリンガーが、自らの学びの過程について語っている。

「これで十分とは思っていないし、慢心を警戒しています。自己満足に陥ることなく、自分を磨き続けたいんです」

二〇〇一年、彼女はフランスのワクチンメーカーに就職して以来、人事、製品開発、ステークホルダー・エンゲージメントの仕事をしてきた。二〇一五年にボストンに転勤となり、現在は品質イノベーションの分野で活躍している。

「私は自分を〝常に発展途上〟だと考えています。いつでもどこでも、何か自分にとってプラスになることをつかもうと思って働いています。与えられた役割のなかで何か実験的な挑戦をし、新しい知識やスキルを得るために、あえて居心地のよい状態を壊すようなことを試みているのです」

シリンガーの話から、必ずしも会社を辞めなくても、成長し続けることは可能だとわかる。

しかし、それでは済まない場合があるのも事実だ。マナ・イオネスクの場合がそうだった。

彼女は米国に本社を置く会社で懸命に働き、部門長にも手が届きかけていた。しかし、決められた仕事をこなすことが求められ、創造性を発揮する余地が少ない日々に、満足できなかった。刺激もなかった。

「ただここに座って、何の影響も生み出さず、いたずらに給料をもらっているだけでいいはずがない。私の人生には仕事を通してもっと多くの意味を見出せるはずだ」

そう考えた彼女は、会社を辞め、シカゴでデジタル・マーケティングの会社を創業した。ソーシャルメディア、メール、コンテンツ・マーケティングに特化したライトスパン・デジタルである。人生と仕事の両方を充実させる必要があることを認識したイオネスクは、それ以来、パーパス意識を持って働き、生活している。

正しく意思決定するための自己点検「三つのポイント」

そんな大きな一歩をいつ踏み出すべきか、そのタイミングを見極めることができるのは、他ならぬ自分だけである。正しく意思決定するための自己点検の方法を紹介しよう。一日の仕事を終えた時、自分が次の三つのうちのどれを重視して働いていたかを振り返り、その割合を書き出すという方法だ。

①ジョブ・マインドセット

「仕事」を意識して働いているジョブ・マインドセットの人は、給料のことを考えて仕事をする。支払われるお金に見合った仕事をするだけで、それ以上深いことは考えない。

②キャリア・マインドセット

「キャリア」を意識して働いているキャリア・マインドセットの人は、年収向上、肩書き、権限、担当範囲の拡大、あるいは漠然とした支配力の強化を意識しながら仕事をする。

③パーパス・マインドセット

パーパスや目的を意識して働いているパーパス・マインドセットの人は、熱心で、現状を変えようとし、少々の犠牲はいとわない。意識は組織の外にも向けられ、より幅広いステークホルダーを視野に入れて仕事に取り組む。職業における目的意識と人生における目的意識が同じ方向を向いている。

二〜三週間、この自己点検の結果を記録し、自分が主にどのマインドセットで仕事をしているかを確認してほしい。仕事時間の五〇%以上を、ジョブ・マインドセットやキャリア・マインドセットが占めていたら、それは人生と仕事のパーパスを考え直すべきだという警告である。四六時中パーパス・マインドセットで生きることはできないし、そんな人はいない。だが、給料やキャリアだけを意識して働いていたら、人生は早晩行き詰まる。そんな働き方をしている人は間違いなく仕事に不満を持っている人であり、それは周囲にも伝わる。評判が悪くなり、昇進の可能性が閉ざされ、長期的には人生の成功からも遠ざかってしまう。

給料やキャリアのことを考えるのが悪いわけではなく、誰でもそれは考えている。だが、それにとらわれすぎると、いじめや利己主義、他人を操作するといった、よからぬ行動へとつながる可能性がある。そうなる前にバランスを整え、仕事や役割のうえでの新しいチャレンジ、場合によっては転職を考えよう。

自分の言葉で、自分のパーパスを書き出すことを、ぜひおすすめしたい。これまでそんなものは書いたことがないという人は、まさにこの記事を読んだいまが、その時だ。

これは、日々何を目指し、どう生きていくかについて、自分のために書くシンプルな宣言である。簡潔に、具体的に、専門用語を避け、思いのたけを表現しよう。自分という人間を反映し、自分の強みと興味と大志が重なるような宣言を考えるのだ。

たとえば、私の場合は、こうなる。「クライアントが自身のパーパスを追求する手助けをする。他者を出し抜くのを助けるようなことはしない」

パーパスの宣言は、自分個人、業務上の役割、組織の三つを考慮に入れたものにすることが重要だ。個人的なパーパスを落としてはいけない。ビクトリア大学のA・R・エランゴバン教授は、多くの人がその点で間違いやすいということを指摘している。

「役割や組織に関連するパーパスは、どうしても多数の利害関係者によって結果が左右される。だから、自分個人のパーパスを考え、それを意識して働くことを、何よりも重視してほしい。それが難しければ、せめて同じ程度、重視するのでもよい。結果が違ってくることがわかるはずだ」

人生は短く貴重だ。あなたには、自分の仕事や組織を使って、人生を輝かせる価値と資格がある。それを会社や上司、同僚任せにしてはいけない。
自らのパーパスを定義し、実行するのは、他の誰でもない、あなた自身なのだ。

ダン・ポンテフラクト（Dan Pontefract）
ポンテフラクト・グループ創業者兼CEO。パーパス・ドリブン型の組織開発を支援するTELUSのチーフ・エンビジョナー。著書に『OPEN TO THINK 最新研究が証明した自分の小さな枠から抜け出す思考法』（あさ出版）などがある。

6

目的を成果につなげる「パーパス・ステートメント」

ニック・クレイグ
Nick Craig
スコット・スヌーク
Scott Snook

"From Purpose to Impact," HBR, May 2014.

パーパスがもたらすさまざまな効果

人生で最も重要な日は二日ある。生まれた日と、生まれた理由を知った日だ。

——マーク・トウェイン

ここ五年間で、パーパス主導型のリーダーシップへの関心が飛躍的に高まった。学界では、企業幹部の最も重要な役割は、組織のパーパス、つまり目的を管理することだという説得力のある議論が展開されている。ビジネスの専門家は、パーパスこそ比類ないパフォーマンスを実現する秘訣だと主張する。心理学者によれば、パーパスを持つことは、より大きな幸せへと続く道だという。

医師の研究結果では、人生のパーパス（目的）を持った人は病気になりにくいことまで判明した。今日の世界では刻々と戦略が移り変わり、明確に良し悪しを判断できることはほとんどない。この複雑、不安定、不透明な時代を生き抜くカギとして、パーパスの重要性がますます声高に叫ばれるようになっている。

このような理解が広まってはいるものの、大きな問題が残っている。私たちはゼネラル・エレクトリック（GE）からガールスカウトまで、組織を率いる何千人ものマネジャーを対象に研修を実施し、何千人もの企業幹部やハーバード・ビジネス・スクールの学生たちを指導してきた。その結果わかったのは、個人的なパーパスをはっきりと認識しているリーダーは二〇%に満たないということである。

そして、自分のパーパスを明確なステートメントとして表現できる者はさらに少ない。リーダーに所属組織のミッションを問えば、明快な答えが返ってくるだろう。たとえばグーグルならば「世界中の情報を整理し、世界中の人々がアクセスできて使えるようにする」、チャールズ・シュワブならば「いつも、いつまでも個人投資家の側に立つ」である。

しかし、あなた自身のパーパスは何かと問うと、たいていは一般的で漠然とした答えしか返ってこない。たとえば「みんなが能力を伸ばせるようにする」「確実に成功させる」「部下に権限を与える」といった具合だ。

これと同様に問題なのが、パーパスを行動に移すための明確なプランを持っている者がほとんどいないことだ。その結果、彼らは夢に自ら制限をかけてしまい、仕事とプライベートで、自分のいちばん大きな目標を達成できないことが多いのである。

私たちは、企業幹部がリーダーとしての目的を見出して定義し、それを活用する手助けをすることを目指してきた。同僚であるビル・ジョージの独創的な研究を基盤とした研修・コーチング・プログラムは、当初は伝統的なリーダーシップに関する幅広いトピックを網羅していた。しかし近年では、パーパスというトピックが重要な柱となっている。

企業幹部らに話を聞くと、仕事であれプライベートであれ、パーパスこそ成長を加速して、大きな成果を出すカギだという。実際のところ私たちも、パーパスを明確に表現し、それを実行する勇気を奮い起こすプロセス――つまり「パーパスを大きな成果につなげる」こと――こそ、リーダーが前進するための、唯一最大の任務だと考えている。

ハイネケンCEO（当時USAのプレジデントだった）のドルフ・ファン・デン・ブリンクを例に考えてみよう。彼は私たちのプログラムで、「王国を救う武術の達人になる」という何ともユニークなパーパス・ステートメントを作成した。

カンフー映画の大ファンだという彼は、映画に登場する賢明で腕の立つ武術家たちにひらめきを得て、行動を迫られる危機的な状況に喜んで立ち向かうのは自分も同じだと考えた。これをきっかけに、彼はきわめて厳しい経済状況下で、苦境に陥っていた古くからの事業を甦らせるプランの策定に成功した。

また、ある企業の小売事業の責任者は、世界の競合を退けるために必要な、「強烈で慌てさせるような変化」を起こすべく、「あらゆる人に対し、あらゆる場所で、あらゆる手段で、物事を改善させる」という新たなパーパスを明確に打ち出した。

エジプトのある工場長の場合は、二〇一二年に抗議活動が発生した際に、「優れたファミリーをつくる」というパーパスを定めた。これを通して、デモに直接加わるのではなく、互いに誠実さを保って割り振られた仕事を続けるという形で敬意を示すべきだと、従業員を説得したのである。

このような効果が見られるのは会社のなかだけではない。本稿の筆者の一人であるスコット・スヌークの妻キャシーは、陸軍大佐を退役して数年間を主婦として過ごしたが、その後なかなか仕事に復帰できずにいた。しかし、軍のキャリアや育児で実行してきたことを踏まえて「陰から支え、やさしくも厳しく尻をたたいて成功に導く」というパーパス・ステートメントを定めた彼女は、競争率の高い教育委員会のメンバーに立候補することを決意し、当選を果たしたしたのである。

私たちは、このような考え方をさまざまな組織に導入している。ユニリーバはパーパス主導型リーダーシップに力を入れる企業の一つだ。同社の研修部門をグローバルに統括するジョナサン・ドナーは、このアプローチを改良する重要なパートナーである。ここ二一〜二三年、ユニリーバをはじめとするいくつかの組織と協力して一〇〇〇人以上のリーダーの「目的を成果につなげる」プロセスを支援し、その後の進展状況を追跡調査している。

その結果、多くのリーダーが劇的な成果を上げていることがわかった。二ランクの昇進を果たした者もいれば、持続的に業績を改善している者もいる。何より重要なのは、彼らの大半が、きわめて厳しい状況でも前進していけるような、新たな能力が身についたと話していることである。

本稿では、読者がこのようなプロセスに踏み出すためのフレームワークを、段階を追って紹介する。まずは自分自身の目的の定め方について解説し、次に具体的な成果を出すためのプランを組み立てていく。

自分の心に響かなければ、パーパスは意味を持たない

我々の多くは、いまだ奏でられない音楽を内に残したまま墓に入る。

――オリバー・ウェンデル・ホームズ

リーダーシップの目的とは、あなたが何者で、他者と何が違うかを示すものである。新興企業の創業者やフォーチュン五〇〇企業のCEO、コールセンターの担当者やソフトウェアの開発者。どのような立場にいるにせよ、目的はあなたのブランドであり、ゴールへと突き動かす原動力であり、やる気を引き出す魔法である。

パーパスとは仕事の内容ではなく、どのように、なぜその仕事をするのか――つまり職務にかかわらず、仕事に活かせるあなたの強みと情熱を指すものだ。状況によって表現方法は変わるかもしれないが、あなたの定めるパーパスは、身近な人たちが最もあなたらしいと感じること、そしてあなたがいなくなった時に最も寂しく思うことである。

キャシーが家族や友人に自らのパーパスを話したところ、たちまちものすごい賛同の声が上

がった。「それでこそキャシーだ。あなたはいつもそうやって仕事をしてきた」

キャシーはこれまで、どのような立場や状況でも――たとえば、陸軍体操チームのキャプテンとして、陸軍士官学校の数学教師として、そしてプライベートでの家族や友人との関わりのなかで――陰から支えるスタイルで人々をまとめ、やさしくも力強く相手に働きかけて成功へと導いてきた。パーパスという新たなレンズを通して、キャシーは自分自身や将来について、よりはっきりと見つめられるようになったのだ。

ドルフ・バン・デン・ブリンクは、新たに定めたパーパスを妻に話した。妻はすぐに「武術の達人」に夫を重ね合わせて納得した。夫は戦闘や暴動で混乱を極めたコンゴ動乱の渦中で従業員を統率した経験があり、今度はハイネケンUSAが直面する課題に立ち向かおうとしていたからだ。

本来、リーダーシップの目的は、自分自身のアイデンティティ、つまりその人の本質的な部分から湧き上がってくるものである。人生で得た学歴、経験、スキルを並べたものではない。私たち自身を例に説明すると、スコット・スヌークにとって、MBAと博士号を取得した退役陸軍大佐であるという事実は、目的ではない。彼のパーパスは、「人々がより『有意義な』人生を送る手助けをすること」である。現在の仕事でもなく、所属企業に限定した肩書きを指すものでもない。

また、ニック・クレイグのパーパスは、「自分がトップを務めるオーセンティック・リーダーシップ・インスティテュートを率いること」ではない。これは彼の仕事である。目的は「相手の目を覚まさせ、その人が本来いるべき場所に戻れるようにする」ことであり、ニックは一〇代の頃からこれを実践してきた。ボストンからニューヨークに向かうシャトル便のなかで彼と隣り合わせたら、きっと（比喩的な意味で）目を覚まさせられるだろう。彼はそうせずにいられないのである。

パーパスとはけっして、業界用語を詰め込んだ使い回しの利くフレーズ（たとえば「類まれな業績を上げつつお客さまを喜ばせるために、チームに権限を与える」）ではない。明確かつ個人的で、あなた（だけ）の心に響くものでなければならない。

また、必ずしも向上心や大義が盛り込まれたもの（たとえば「クジラを救う」や「おなかを空かせた人に食べ物を」）である必要はない。模範的な理想を掲げる必要もない。

自分が自分であるために、どうしても譲れない人物像である。実際、よく聞くような優等生的なフレーズにはならない可能性もある（「人々を動かす棘《とげ》となる」）。

いかにパーパスを見つけるか

昼も夜も全力で自分を見失わせようとするこの世界で、他の誰でもない自分自身であり続けることは、人間の戦いのなかで最も過酷な戦いに挑み、けっして戦いをやめないことを意味する。

——E・E・カミングス

リーダーシップの目的を見つけることは容易ではない。もし簡単に見つかるようなものなら、誰もが自分がこの場所にいる理由をはっきりと理解し、脇目も振らずに向かっているはずだ。しかしE・E・カミングスの言葉が示唆するように、人は常に外部（両親、上司、経営学の権威、広告主、有名人など）から、リーダーのあるべき姿（もっと賢く、強く、豊かに）やリーダーシップのとり方（他者に権限を与えよ、陰から支えよ、本物であれ、力を分配せよ、など）に関する強力なメッセージを押しつけられている。

このような世界で自分が何者なのかを見出すこと、まして「他の誰でもない自分であること」は非常に困難だ。しかし私たちの経験上、自分は何者なのかという点を明確に理解することさえできれば、それ以外のことは自然とついてくる。

もともと内省や熟考に向いた性格で、目的を成果につなげるプロセスをすんなり始められる人もいれば、このような作業に違和感があり、不安に駆られる人もいるだろう。なかにはあきれてぐるりと目玉を回す人もいるかもしれない。しかし、あらゆるタイプのリーダーに向き合ってきた私たちは、どれほど懐疑的な人でも、このプロセスを通して公私両面の価値を見出せると断言できる。

私たちが携わった、ある多国籍企業の顧問弁護士は、「このような方法に意味があるとはとうてい思えない」と言っていた。ところが、彼はやがて熱心な支持者に変身を遂げ、部下全員にこのプログラムを実行するよう指示するに至ったのである。彼は部下たちに次のように語った。「私は自己啓発本を読んだことがないし、これからも読むつもりはない。だが並外れたリーダーになりたければ、自分のリーダーシップの目的を自覚しなければならない」

夢想家と懐疑論者の両方に働きかける秘訣は、その人の個性を盛り込む余地を残しつつ、段階を踏んだ実践的な指針を提供するプロセスを確立することである。

最初の作業は、共通の要素や大きなテーマに沿って自分の人生のストーリーを掘り起こすことである。ここで重要なのは、自分の本質、生来持っている強み、価値観、情熱――つまり自分の元気の源で、喜びをもたらすもの――を見極めることだ。私たちは多様な方法でこの作業を支援しているが、有効性が高いのは次の三つの方法だ。

- 子どもの頃（善悪や好き嫌いについて世間的な分別を教えられる前）に、何をしている時がいちばん好きだったか。そのような瞬間、またその時に感じたことについて説明する。
- 人生で最も困難だった経験を二つ挙げる。その経験は、人格形成にどのように影響しているか。
- 人生の楽しみのなかで、自分らしく生きることに役立つものは何か。

自分一人でリーダーシップの目的を見極めることは不可能に近いため、私たちは、仲間同士

表1 パーパス・ステートメント：悪い例から良い例へ

悪い例	良い例
新興市場部門を率い、比類のない業績を達成する。	「カオス」を取り除く。
インフラ事業の牽引役となって各メンバーの成果目標の達成を促しつつ、公私のバランスを取りながら、事業を率いる新たな力を身につける。	水と電気が使えない20億人に、それらを提供する。
自分と他者の成長と能力開発を継続的かつ一貫して促進・支援し、優れた業績へと導く。	不屈の精神で輝きを生み出す。

の少人数のグループをつくってこれらの問いに答えさせることを強く勧めている。信頼のおける同僚や友人に鏡になってもらわない限り、自分自身の姿をはっきりと見ることはできない。

この内省作業の後で、明確かつ簡潔な宣言文のパーパス・ステートメント（「私のリーダーシップの目的は○○である」）を作成する。パーパス・ステートメントに使う言葉はあなた自身の言葉で、あなたの本質をとらえたものでなければならない。そして、あなたを動かすものでなければならない（**表1**「パーパス・ステートメント：悪い例から良い例へ」を参照）。

このプロセスの進め方の参考になるように、何人かの企業幹部の例を紹介しよう。

あるマネジャーに子どもの頃に熱中したことを尋ね

たところ、スコットランドの田舎町で育ち、「発見する」というミッションに喜びを感じていたと話してくれた。ある日、彼女は友人と二人でカエルを見つけるという目標を決めて、片っ端から石をひっくり返しながら、池から池へと丸一日カエルを探して過ごした。もう日も暮れようかという頃に、ようやく一匹のカエルを見つけ、誇らしい気分になったという。

そんな彼女がつくったパーパス・ステートメントは、「必ずカエルを見つけ出す」だった。企業でR&D部門のシニア・バイスプレジデントを務める彼女の役割にふさわしいステートメントである。

別の企業幹部は、人生で遭遇した二度の「試練」をもとにパーパス・ステートメントを作成した。一度目は個人的な試練だった。何年も前、二人の子どもを抱えて離婚し、若いシングルマザーとなった彼女は、住むところを失って路上で物乞いをしていた。しかし、持ち前の才気を発揮して自立することができた。

二度目は仕事上の試練だった。二〇〇八年に経済危機に見舞われた時、彼女は社内のアジア事業の縮小を監督する立場にあり、旗艦事業を撤収する任務を与えられていた。ほとんど絶望的な状況の下で、解雇の前にすべての従業員に次の就職先を確保することに成功した。

彼女はこうしたストーリーをグループで議論し、初めは「自分と他者の成長と能力開発を継続的かつ一貫して促進・支援し、優れた業績へと導く」としていたパーパス・ステートメントを、「不屈の精神で輝きを生み出す」というものに書き換えた。

ドルフ・バン・デン・ブリンクが例の「武術の達人」ステートメントに行き着いたのは、映画鑑賞という趣味だけではなく、コンゴで直面したとてつもない試練を掘り下げて考えたからである。コンゴでは管理していた醸造所を過激派に狙われ、従業員を保護して略奪を防ぐためにバリケードの設置を指示したこともあったという。

エジプトの工場長がパーパス・ステートメントで家族を重視したのは、人生を振り返ってみて、家族の愛情とサポートがあったからこそ、数々の困難に立ち向かえていたことがわかったからだ。

また、小売事業の責任者が「強制的に物事を改善する」という目的を定めたのは、これまでに大きな成果を上げた仕事では必ず、自分や他者をコンフォート・ゾーンの外へと強制的に追いやっていたということに気づいたからだ。

これらの幹部たちと同じようにあなた自身のストーリーを振り返ってみると、中心となる一つのテーマが浮かび上がってくるだろう。それを利用することで、自分自身の目的を見出せるはずだ（**囲み**「パーパス・ステートメントの実践プロセス」で、目的から逆算して具体的な目標を定めていく例を挙げている）。

パーパスを行動に結びつけ、目的を成果につなげる

人生における真の喜びは、偉大な目的だと自分が思えるもののために生きることである。

――ジョージ・バーナード・ショー

リーダーとしての目的を明らかにすることは重要だが、パーパス・ステートメントを書いただけでは不十分である。その目的のために行動することで周りに与えるインパクトにまで、想像をめぐらせる必要がある。

本当に重要なのは、言葉ではなく行動だ。もちろん、朝から晩まで一〇〇％、パーパスにかなった行動を続けることは、実質的に不可能である。だが、努力と綿密な計画によって、パー

表2 目的を成果につなげる計画の要点

従来の自己開発計画の立て方	目的を成果につなげる計画の立て方
ビジネスの一般的な言葉を用いる。	目的の込められた有意義な言葉を用いる。
業績向上の妨げとなる弱みにフォーカスを当てる。	キャリアの夢を実現するための強みにフォーカスを当てる。
ビジネスまたはキャリアに関する目標を掲げる。	どのように組織をリードするかを明らかにするような、リーダーシップのパーパス・ステートメントを引き出す。
企業のミッションや目標と関連づけられた測定基準に基づいて、成功を評価する。	リーダーシップの目的のために行動することに関して、段階的な目標を定める。
現在にフォーカスを当て、そこから将来を考える。	未来にフォーカスを当て、逆算して考える。
一般的な内容。仕事や役割について説明する。	自分独自の内容。リーダーとしての自分について説明する。
職場以外の目標や責任は、考慮しない。	仕事とプライベートの両面を包括的にとらえる。

パスのために行動する時間が増え、より意識的に心を込めて、効果的に行動することができるようになる。

目的を成果につなげる計画は、通常の自己開発計画と比較して、いくつかの重要な点で違いがある（**表2**「目的を成果につなげる計画の要点」を参照）。

まず、ビジネスやキャリアの目標ではなく、リーダーシップに関するパーパス・ステートメントで始まる。また、人々に家庭があり、仕事以外にも関心事や活動があるという事実を無視せずに、仕事とプライベートの両面を包括的にとらえる。そして、ある仕事や役割を担当する人物としてのあなたではなく、あなたの本質に訴えかけるような文書を作成するための、意図の込められた有意義な言葉が組み込まれている。

これを利用することで、パーパスに従って行動するための長期的な機会（三〜五年後）を想定できるようになり、そこから逆算する形で、目的を達成するための具体的な目標（二年、一年、六カ月、三カ月、三〇日後）を設定しやすくなる。

このようなパーパス主導の方法で自己開発を始めると、幹部たちの夢は大きく膨らんでいく。たとえば、キャシーは教育委員会に参画することを決意し、エジプトの工場長は中東に製造・流通部門を拡大することを志した。

また、現在の役割にも、より情熱的に取り組むようになる。ハイネケンUSAのドルフは、成果につなげる計画を立てることを通して、任務遂行にあたってチームに四つのモットーを導入することを考えた。それは「勇気を持つ」「決断し実行する」「群れで狩りをする」「自分の問題として考える」である。

そしてユニリーバ幹部のヨースタイン・ソルハイムは、自身のパーパスに即して、「世界を変えることを楽しく達成可能な計画だと思えるようにする、世界的なムーブメントの一員になる」という自己開発計画を作成した。その結果、ユニリーバでこのまま出世の階段を上がるよりも、同社傘下のベン＆ジェリーズのＣＥＯ職にとどまりたいという自分の気持ちに気づくことができた。

ここからは、目的を成果につなげるプロセスをより深く理解してもらうために、私たちの複数のクライアントの例を取り入れた架空の自己開発計画を用いて解説する。

リチャードは、長年のセーリングへの情熱について話すように促されたことがきっかけで、自分のパーパスを定めることができた。セーリングにまつわる一連の経験や言葉を、調達担当という仕事の観点から再定義できることに、はっと気づいたのだ。

①パーパス・ステートメントを作成する

まず、リチャードの開発計画は、彼が作成したパーパス・ステートメント――「レースの勝利を目指し、あらゆる要素を活用する」――で始まる。

②理由の説明

次に来るのは、このパーパスを定めた理由の説明だ。彼は「調査によれば、自分のモチベーションの源を理解することで、大きな目標を達成するための能力を劇的に向上させることができる」と説明した。

③三〜五年後の目標を設定する

さらに、リチャードは、パーパス・ステートメントの言葉を使って、三〜五年後の目標を設定した。私たちは、最初にこのタイムフレームで目標を定めることが適当だと考えている。数年先のことならば、現在どれほど幻滅を感じているマネジャーでも、自分が目的のために行動している姿を想像することができる。けれども、のんびりと自己満足していられるほど遠い未来のことでもない。

ここで立てる目標は、仕事でトップの地位に上り詰めること――リチャードの場合は、グローバルな調達任務を任されること――などが考えられる。その際、どのようなリーダーになるか、どのようにそれを達成するかという点にフォーカスを当てることが重要だ。

④二年後の目標を設定する

続いて、リチャードは二年後の目標を検討した。このタイムフレームでは、素晴らしい未来と現実のすり合わせを始める。あなたはどのような責任を新たに負うことになるだろうか。より長期的な計画に向けて、どのような準備が必要だろうか。

その際、プライベートへの対応も忘れてはならない。それは、あらゆる場面で、十分に目的を意識して過ごすためである。リチャードの目標には、「陸のチーム」である家族のことが、はっきりと書き込まれている。

⑤一年後の目標を設定する

五番目のステップは、一年後の目標を立てることだが、これはしばしば最も難しい作業になる。多くの人々が「自分がいまやっていることの大半が、リーダーシップの目的からかけ離れていたらどうするのか。どうすれば現状から目標にたどり着けるのか」という疑問を持つ。

この問題に対し、私たちは二つの対処法を見つけた。

一つ目は、仕事のある部分を別の言葉で表現したり、一部の作業の進め方を変更したりすることで、目的に合致した行動にするという方法だ。たとえばリチャードの場合、「航行に適した船」という言葉から連想して、基本的な調達プロセスの管理作業にも同じような意味があると考えた。

二つ目は、目的に一〇〇%合致した行動をつけ加えるという方法だ。私たちの経験上、ほとんどの人は、自分を元気づけたり周囲に自分の強みを示したりする行動に時間の五~一〇%を割いている。グローバルな戦略的調達活動に参画するというリチャードの決意について考えてみよう。これは彼の現在の「本業」とは無関係だが、これをきっかけに、彼はより目的主導型のプロジェクトに参加するようになった。

⑥重要な次のステップをマッピングする

さて、いよいよ核心に近づいてきた。すでに設定した一年後の目標を達成するために、六カ月、三カ月、三〇日間で実行すべき重要なステップは何だろうか。小さな勝利を積み重ねることの重要性は、変化のイニシアチブからイノベーションに至るまで、ほとんどすべてのマネジメント手法で実証されている。

次のステップを列挙する時は、職務要件を端から書き出してはならない。新たに定めたリーダーシップの目的や夢に照らして、最も重要なアクティビティや結果のリストをつくるとよい。するとおそらく、いくつかのタスクは以前よりもずっと優先順位が低く感じられるようになり、いままで二の次にしていたタスクが重要に思えてくるだろう。

⑦重要な人間関係を分析する

最後に、計画を現実に変えるために必要となる重要な人間関係に注目する。リーダーシップの目的に沿った活動を徹底する際に力になってくれそうな人物を、二、三人ピックアップしてみよう。リチャードの場合は、クルーの招集に協力してくれる人事部マネジャーのサラと、「陸のチーム」を管理してくれる妻のジルである。

幹部らの話によると、目的を成果につなげる計画を各自が立てることによって、勇気や責任感、集中力が高まり、短期的・長期的な目標を維持しやすくなるという。悩んだり落ち込んだりした時には、計画を引っ張り出して、達成したい夢や成功するための方法を再確認することができる。

グローバルな競争に立ち向かっている前出の小売事業の責任者は、計画を作成した後は「非常に困難な物事にもおじけづかなくなった」と述べた。ドルフ・バン・デン・ブリンクは、「自分が貢献できる場所とできない場所を、ずっと明確に把握できるようになった。自分がどのような役割を望んでいるかがはっきりし、仕事のなかでの選択に迷わなくなった」と話した。

＊　＊　＊

最も偉大なリーダーや企業の条件とは何だろうか。優れたリーダーや企業は、世界や業界について、また、彼らができることとできないことについて、それぞれに独自の仮説を立て、それに基づいて活動している。このような個人的な視点が、優れた価値を生み出す源になり、大きなインパクトをもたらすのである。

彼らは皆、唯一無二のリーダーシップの目的を定めて事業を行っている。真に有能なリーダーを目指すならば、同じことをしなければならない。自らのパーパスを明確に定め、それを活かすのである。

ニック・クレイグ（Nick Craig）
オーセンティック・リーダーシップ・インスティテュート プレジデント。

スコット・スヌーク（Scott Snook）
ハーバード・ビジネス・スクール准教授（組織行動学）。米国陸軍工兵隊に二二年以上にわたり勤務した。

パーパス・ステートメントの実践プロセス

このサンプルは、「リチャード」が独自のリーダーシップの目的に基づいて夢の全体像を描き、そこから逆算してより具体的な目標を定めていくプロセスを示している。

①パーパス・ステートメントを作成する

「レースの勝利を目指し、あらゆる要素を活用する」

②理由の説明

「私はセーリングが大好きだ。一〇〜二〇代の頃は、高性能の三人乗り艇でレースに参戦し、もう少しでオリンピック代表に選ばれそうなレベルの選手だった。いまでは趣味としてセーリングに情熱を傾けている。

セーリングは、規律、バランス感覚、調和が求められる、やりがいのあるスポーツだ。次にどのような風が来るかはわからない。レースに勝利するためには、チームの力量、直感、潮の流れに頼るしかない。こうした要素をいかに読むかが肝心だ」

③三〜五年後の目標を設定する

最高のクルーを育成し、大きなレースで勝利しているリーダーとして有名になる：グローバルな調達の任務を引き受け、好機をとらえて競合他社の前に出る。

［達成方法］

・すべてのメンバーに、同じチームの一員なのだという意識を持たせる。

・誰よりも先に風の変化を読み、予測できない状況の舵取りをする。

・一つのレースに負けても冷静さを失わない。敗北から学び、次のレースに備える。

陸のチームに感謝する：家族の存在を忘れず、職場と共通するような、何か我々を団結させる要素を持たせる。

④二年後の目標を設定する

金メダルを獲得する：新しい調達モデルを実行してサプライヤーとの関係を再定義し、全社的に一〇％のコスト削減を実現する。

次のレベルのレースに挑戦する：より責任が広がる欧州の任務に移行する。

［達成方法］

・厳しい困難を予測し、立ち向かう。

・画期的かつ厳密で実用的なソリューションを求める。

・勝てるクルーを集め、訓練する。

陸のチームを成長させる：息子たちにセーリングを教える。

⑤一年後の目標を設定する

金メダルを狙う：新しい調達プロセスの開発を始める。

短距離レースで優勝する：予想よりも早く「シンピクス・プロジェクト」を達成する。

航行に適した船をつくる：コストと収支の予測範囲内で「TFLSプロジェクト」のプロセスを維持する。

［達成方法］

・チームの再構成を加速する。

・新しい調達アプローチについて首脳陣の支持を得る。

陸のチームに投資する：二週間の休暇を取る（メールも使わない）。

⑥重要な次のステップをマッピングする

クルーを集める：重要な採用メンバーを最終決定する。

航路を計画する：「シンピクス・プロジェクト」と「TFLSプロジェクト」の下準備をする。

［達成方法］

六カ月後・ジムの後任を最終決定する。

・「シンピクス」のスケジュールを定める。

三カ月後・ジムの後任として世界的な人材を着任させる。

・メールを使わず、全体を見渡して、集中するスケジュールを決める。

三〇日後・上海のアレックスをチームに加える。

・「TFLS」の測定基準について合意する。

・オフィスの外で一日の「シンピクス」を実施する。

陸のチームと改めてつながる：ジルや息子たちと、もっと関わり合う。

⑦重要な人間関係を分析する

サラ――人事部のマネジャー

ジル――「陸のチーム」のマネジャー

7

部下がパーパスに目覚める五つの質問

クリスティ・ヘッジス
Kristi Hedges

"Five Questions to Help Your Employees Find Their Inner Purpose," HBR.ORG, August 17, 2017.

ミレニアル世代であれ、ベテランであれ、悩みは変わらない

部下が仕事に意味を見出すために、上司にはどんなサポートができるだろう。

組織は莫大なリソースを理念や価値、ミッション・ステートメントの遂行のために注ぎ込んでいる。だが、ボルボの安全追求や、フェイスブックの人と人をつなぐといった崇高な使命も、日々の仕事の忙しさのなかでは後景に押しやられ、忘れ去られがちだ。

従業員が仕事にやりがいを感じ、満足を覚えるために本当に必要なのは、お題目ではなく内なる目的意識だ。デロイトが行った二〇一六年の調査で判明したように、社員は自分のキャリア設計や人生の志、つまり自分にとって意味のあることをサポートしてくれる会社に忠誠心を抱く。(注1)

この調査はミレニアル世代を対象とするものであったが、長年ベテランのエグゼクティブをコーチしている私も、これまでの体験から同じことを感じている。つまり、それは世代を超えた共通の態度なのである。

能力、業界、キャリアなどに関係なく、私たちの誰もが自分の仕事に意味を求めているので

ある。

仕事の意味を高い次元で把握する

リーダーが部下と話す時、ちょっとした心遣いで、部下が自分の仕事に目的意識を持つのを助けることができる。目的意識とは、自分の仕事は自分の人生とキャリアにとって大切な意味があるという感覚のことだ。

どんな仕事でも、その意味を異なるレベルで言い表すことができる。(注2) たとえば、私はいまこの文章を書いているが、それを低次のレベルで「キーボードで文章を打ち込んでいる」と表現することもできるし、高次のレベルで「優れたリーダーを育てるための仕事をしている」と表現することもできる。

そのことを意識して部下と接し、言葉をかけるとよい。つまり、リーダーは部下に適切な言葉をかけることで、部下が仕事の意味を高いレベルでとらえるのを促すことができる。それができた部下は、平凡な仕事にも意味を見出すことができるようになる。

五つの質問を投げかけて、内なる目的を思い起こさせる

もう一つの方法は、次の五つの質問を部下に投げかけることだ。それによって、部下は自分の内なる目的、すなわちパーパスを探り、思い起こすことができる。

①得意なことは何か

さほど苦労しなくてもこなせる仕事、ストレスなくこなせる仕事は何か。

自分に向いていると思う仕事は何か。

これまでのキャリアで、周囲から認められた仕事は何か。

こうした問いは、自分の強みを見極めさせ、そこから可能性を切り開いていく手がかりを与えるためのものだ。

②何をしている時が楽しいか

平均的な一週間の仕事のなかで、何をしている時が楽しいか。

スケジュール表に何が書き込まれていると元気が出るか。

自分の仕事を自由に設計できるとしたら、どんなふうに時間を使いたいか。

これらの問いは、自分が好きな仕事を見つけたり、再発見したりするのに役立つ。

③自分の何がいちばん役に立っていると感じるか

自分の仕事の成果のなかで、最も誇りに思えるものは何か。

あなたの仕事のなかで、チームや組織にとって最も重要なものは何か。

人生で最も優先すべきことは何か、そしてそれはあなたの仕事とどうリンクしているか。

これらの問いは、自分の仕事の価値に気づかせることを狙いとしている。

④何をしている時に前進し、成長していると感じるか

自分の将来に活かせることを、いま学んでいるか。それは何か。

次のステージで、どんな自分の姿を思い描いているか。

今日の仕事は、あなたを理想の姿に近づけるうえでどんな役に立っているか。

これらの問いの狙いは、ゴールに到達するために、いまの仕事の何が役立っているかに気づかせることだ。

⑤他の人とどんな関係を築いているか

いちばん仕事がやりやすいのは、どういう関係の相手か。

あなたと気が合う人が集まっている職場は、どんな職場か。

仕事を通じて、家族との関係や友人との関係がどのように深められているか。

これらの問いは、仕事をさらに有意義なものにする人間関係について考えさせ、それを強めるための努力を促すことにつながる。

部下に自分のパーパスに目覚めさせ、それに向かって進ませるというのは、上司の仕事として簡単ではないが、ここに紹介した方法はその役に立つだろう。

クリスティ・ヘッジス（Kristi Hedges）

ザ・ヘッジス・カンパニー社長。ジョージタウン大学インスティテュート・フォー・トランスフォメーショナル・リーダーシップのファカルティ・メンバー。エグゼクティブ・コミュニケーションを専門とするリーダーシップ・コーチ。著書に『誰もがあなたに引きつけられるプレゼンスのつくり方』（CCCメディアハウス）などがある。

8

部下に有意義な仕事をさせるリーダーとは

ルイス・ガラッド
Lewis Garrad

トマス・チャモロ＝プレミュジック
Tomas Chamorro-Premuzic

"How to Make Work More Meaningful for Your Team,"
HBR.ORG, August 09, 2017.

働きがいのある企業は業績もよい

ＮＡＳＡ（米国航空宇宙局）の清掃員が、ケネディ大統領に何の仕事をしているのかと尋ねられて、「月に人類を送り込む手助けをしています」と答えたという有名な話がある。この逸話は、どんな平凡な仕事でも、正しい考え方と優れたリーダーシップがあれば、有意義な仕事に変わることを示すためによく使われている。

今日、ますます多くの従業員が、仕事の対価として、給料以上のものを求めるようになっている。お金を払えば、とりあえず人を集めることはできるが、長く働き続けてもらえるかどうか、一生懸命働いてもらえるかどうかは、目的、意味、そして仕事の面白さと価値によって決まる。仕事に意味を見出すことは非常に重要になっており、意味のある仕事のランキングが発表されているほどだ。(注1)

仕事の魅力を決定する要因はたくさんあるが、人々の生活向上に貢献する仕事が総じて上位にランクインしている（たとえば医療関係や社会福祉関連）。興味深いことに、メタ分析研究では、給与と仕事の満足度の間にはあまり関連性がないことがわかっている。(注2)年収一五万ドルの弁護士が、年収三万五〇〇〇ドルのフリーランスのデザイナーほど熱心に働くことができないのはそのためだ。

有意義な仕事をしていると感じている人は、健康、幸福感、チームワーク、エンゲージメントが高いことが、研究によって明らかになっている。挫折しても立ち直りが早く、失敗してもそれを学びの機会ととらえる前向きな傾向が強いことも判明している。言い換えれば、意味のある仕事をしている人は前進し、成長する可能性が高いということだ。

これが、明確で強い目的意識を持っている企業のほうが、そうでない企業より業績がよい傾向にある理由である。世界で最も成功している企業が、世界で最も働きがいのある場所でもあるのは、当然のことなのだ。(注3)

部下に目的意識を持たせるリーダーの四条件

過去数十年間の多くの研究で、社員が自分の役割の重要性を理解するうえで、リーダーが重要な役割を果たすことがわかっている。さらに、社員を引きつける意味やパーパスのある企業文化を形成するのは、リーダーの人格からにじみ出る指導力であり、それが企業の業績を大きく左右することも証明されている。(注4)

部下に目的意識を持たせられるかどうか、自分の仕事を有意義だと感じさせることができるかどうかは、リーダーに次の四つの重要な性格特性があるかどうかで決まる。

①好奇心と探究心が旺盛

私たちは、何か新しいことの創造に携わっていると感じている時、有意義な仕事をしていると実感する。特に、何かを探求し、他者とつながり、結果に影響を与えることができていると感じた時に、その傾向が強い。(注5)

好奇心旺盛なリーダーは、部下を知ろうとし、部下に質問し、部下を巻き込んでアイデアを出させようとするので、部下は仕事の意味に気づきやすくなる。部下をマイクロマネジメントするのではなく、仕事の進め方に工夫と裁量の余地を与えるので、部下は仕事に意味を見出しやすくなる。好奇心旺盛なリーダーは単調さを嫌い、変化を求めるので、部下から仕事が面白くなるようなアイデアが出てくることを歓迎する。

②チャレンジ精神旺盛で、あきらめない

組織が克服しなくてはならない最大の問題の一つは、過去の成功ゆえに生じる惰性や現状の停滞である。この先も成功が続くという安易な期待も克服しなくてはならない。成功するだろうという楽観的な見通しを持っている人は、困難や失敗を警戒している人ほど努力しない傾向がある。(注6)

失敗しても成功しても先を見続け、現状に安住しないよう部下に働きかけるリーダーは、チームや会社に深い目的意識を植えつける。部下は、進歩、変革、成長を感じることができ、仕事を有意義なものと感じ、ポジティブな態度で臨むことができる。

③個人の価値観や文化に配慮する

組織がどんなに立派な目的を掲げても、自分のニーズや動機と合致しなければ、社員はそこに意味を感じることができない。そのため、社員個人の価値観と組織の文化がマッチしているかどうかが、業績を大きく左右する。人を採用する時は、能力だけを見て選ぶのではなく、組織の使命や価値観にマッチする人物かどうかを見ることが大切だ。

価値観とは、世界の意味を理解するための内なる羅針盤やレンズのようなものだ。個人の価値観に注意を払うリーダーは、同僚や組織と良好な関係を築ける人材を選べる可能性が高く、それは雇われた側にとっても、意味のある仕事をしているという実感につながる。（注7）

④部下を信頼し、仕事を任せる

ほとんどの社員はマイクロマネジメントされることを嫌う。威圧的で支配的な上司は、部下のやる気を失せさせる。自分の仕事には価値がないと感じさせ、手抜きに走らせてしまう。

対照的に、部下を信頼するリーダーは、部下に創意工夫と成長の余地を与える。自分の仕事をとらえ直し、進め方を自分で工夫することを「ジョブ・クラフティング」と呼ぶが、部下に任せることのできるリーダーはこれを後押しすることができる。

上司に信頼されていると感じる部下は、自分の仕事をカスタマイズでき、自分と自分の仕事に重要性と価値を感じることができる。

以上四つの資質は、互いに補完し合って優れたリーダーを生み出すものだ。どれか一つだけでは、逆に問題が生まれてしまう。

部下に任せず厳しくあたるだけの上司は、言動に一貫性がなく、何を言い出すかわからないので、部下は上司の顔色をうかがうようになり、仕事の質や士気を低下させる。チャレンジ精神は旺盛でも探究心や好奇心に乏しい上司は、マイクロマネジメントに走って部下をいじめることになる。部下に任せるだけでチャレンジする気概のない上司は、何かあったら真っ先に逃げ出してしまう。

つまり、仕事に意味を持たせることと、仕事から苦労を取り除くことは、まったく別物だということだ。それは、仕事に積極的に関与する従業員と、ただ人当たりがいいだけの従業員が別物であるのと同じことだ。

仕事への関与は、熱意、意欲、モチベーションを生み、パフォーマンスを向上させて組織への貢献につながるが、機嫌がよいだけでは自己満足につながるおそれがある。

優れたリーダーになりたければ、部下が仕事を楽しめるようにするだけでなく、仕事の成果に意味を見出すことを助けなくてはならない。

ルイス・ガラッド（Lewis Garrad）

組織心理学者。マーサー・シロタのグロース・マーケット部門リーダー。従業員調査の専門家。従業員意識調査プログラム、人材評価、パフォーマンス施策の設計と導入に注力している。

トマス・チャモロ＝プレミュジック（Tomas Chamorro-Premuzic）

心理学者。マンパワー・グループのチーフ・タレント・サイエンティスト。ユニバーシティ・カレッジ・ロンドンとコロンビア大学で教鞭を執る。ビジネス心理学を担当。ハーバード大学のアントレプレニュアル・ファイナンス・ラボのアソシエイトも兼務する。近著に『なぜ、「あんな男」ばかりがリーダーになるのか』（実業之日本社）がある。

9

理想はわかっているのに、なぜ仕事選びに失敗するのか

トマス・チャモロ＝プレミュジック
Tomas Chamorro-Premuzic

"Why Are We So Bad at Choosing the Right Job?"
HBR.ORG, August 20, 2019.

あなたにとって、理想の仕事とは

あなたにとって「理想の仕事」とは何だろう。人が仕事に何を求めているかは明確にされているが、実際にその条件に基づいてキャリア選択をしているかというと、必ずしもそうではない。その条件を自ら認識しているにもかかわらず、である。

ほとんどの人が仕事に求めているものは、以下の三つにすぎない。

- **自分の強みを発揮でき、伸ばせているという意識**：役割以上の業績を上げ、学習機会を通じて成長するチャンスを与えられることによって得られる。
- **仲間意識または帰属意識**：互いの尊重に基づく社員同士の公正な関係によって生まれる。認められているという意識。企業文化が従業員満足を左右する重要な要因であるのは、このためである。
- **意義や目的意識**：社会にとって重要で、自分の価値観や動機にも沿った仕事に打ち込めているという感覚。

もちろん、世界中の誰もがこの三拍子そろった仕事に就けると思うのは楽観的すぎるだろうが、それと同時に、誰もがマクロ経済環境や潜在能力や才能に関係なく、これを目指して実現することを期待されている。その結果、ほとんどの人がそれぞれの「理想の仕事」を追求するか、少なくともいまの仕事を改善する――専門家の言う「ジョブ・クラフティング」――欲求を持っている。

それは悪いことではない。自分の能力や興味と仕事が一致すれば、気分にもパフォーマンスにもプラスの影響があるだろう。

これは自明のことすぎて、科学的実証など不要なように思える。それでも研究はなされており、ジョブ・クラフティングは案の定、従業員エンゲージメントやエンプロイアビリティ(「望ましい職を得、維持し、キャリアの終わりまで市場性を持ち続ける能力」と定義される)と正の相関があることが示されている。別の調査では、ジョブ・クラフティングが労働者のウェルビーイングを向上させるという結果も示された。

したがって問題は、むしろこちらのほうだ。

「仕事に何を求めているかを自覚しているにもかかわらず、そして他の選択肢があるにもかかわらず、職選びに失敗する人が大勢いるのは、なぜなのか」

調査結果から、いくつかの理由が浮かび上がった。

お金が物を言い、それを聞いてしまう

メタ分析研究によれば、給与と仕事の満足度とは、ほぼ無相関の関係にある。たとえば、年に一六万ドル稼ぐ弁護士と、年収三万五〇〇〇ドルの看護師の仕事に対する満足度に差はなかった。

だが、お金は満足にはつながらないが、動機づけにはなる。人は、特に職に関して、金銭的誘因を重視した決断を非常に多く下している。勤務時間や通勤時間が減るならば、もっと楽しい仕事ができるならば、給料が下がっても構わないと言いつつも、実際にはその選択をせず、給料の高いほうにとどまるケースが多いのだ。

嫌な仕事でも我慢してしまう

人はおそらく、嫌な人間関係よりも、嫌な仕事のほうが我慢できるだろう。実際、米国人は

長期雇用には興味がなく、不安定な立場にも満足するという一般的な見方は嘘で、その反対が正しい。

仕事やキャリアに関して言えば、「知っている悪魔のほうが、知らない悪魔よりまし」ということわざの通りで、意味のない仕事や、嫌な上司を押しつけられても、他を試そうとはなかなか思わない。世界で最も成功している企業のなかにも、従業員エンゲージメント・スコアの低い企業が広く見られるのは、このためである。

自己認識の不足が賢い選択を妨げている

最近出版した本にも書いたように[注1]、一般的に、人は自分自身の才能を評価することがかなり苦手だ。「情熱に従う」のはよいが、結果的にいい仕事ができる保証はなく、それが人の役に立ち、需要が存在するかどうかなど、なおさらわからない。つまり、リスクを負って転職した時のROI（投資収益率）が必ずしも明らかではないのだ。

最近盛り上がりを見せている、起業やスタートアップの動きがよい例だ。この「起業ポルノ」によって、大勢の若者が「自由の身になって心躍る事柄に挑戦する」という考えに興奮し魅了されている――だが、わずかの成功さえ達成できる見込みは薄い。

もちろん、そのうちのごく少数は次のアップルやグーグルをつくり、社会に多大な還元をすることになるかもしれないが、そうした成功物語の裏には、その何百万倍もの大失敗が存在する。平均すると、脱サラして独立した人は、結果的に働く時間が増えても収入が減り、社会経済的貢献が減る。多くが、会社勤めを続けていたならばもっと成功し、幸せになっていたかもしれない人たちである。

仕事内容が想像しにくい

企業は、かなりの時間をかけて、自社の仕事やキャリアを望ましく魅力的なものとして売り込む。ジョブ・ブランディングや企業ブランディングは、人材の争奪戦において欠かせない一面となっている。

どの企業のウェブサイトを見ても、ダイバーシティやイノベーション、CSR、生涯学習、俊敏な企業文化などをコミットする力強いステートメントが目につく。そして、どんな小さな仕事にも目を引く肩書きをつけ、そそる仕事のように見せている。「ヘッド・プライオリティゼーション・ニンジャ」（優先順位忍者長）、「ポシビリティ（可能性）・ディレクター」、「チーフ・ハピネス・オフィサー」（最高幸福責任者）、「グローバル・アイデンティティ・エンジニア」などは、ほんの一例にすぎない。

経歴、能力、業界に関係なく、その仕事に適した人材を見つけることが人事採用における成功である。すなわち応募者は、応募する仕事を正しく理解していなければならない。その仕事に期待することが現実からかけ離れているとしたら、その転職がうまくいくことはそもそも難しいだろう。

本当に求めている仕事に就くためには、自分は何が得意で、考えている仕事が実際にどういう仕事なのかをよく理解していること、そして報酬の優先度を下げ、他の価値観や動機を満たすことが必要だ。何よりも、少しあきらめのいい人になって、嫌な仕事や上司を我慢しないようにしたほうがいい。

これは重要だから覚えておこう――会社を辞めて後悔する人は、ほんの一握りにすぎない。つまり、人には同じ職場に長くとどまりすぎる傾向があるということだろう。

ヒポクラテスの有名な言葉がある。「Ars longa, vita brevis.」（技術は長く、人生は短い）。

技能の習得には時間がかかる。人生は短い——だから恐れずに、本当に望む道を選んで進もう。

トマス・チャモロ＝プレミュジック（Tomas Chamorro-Premuzic）

心理学者。マンパワー・グループのチーフ・タレント・サイエンティスト。ユニバーシティ・カレッジ・ロンドンとコロンビア大学で教鞭を執る。ビジネス心理学を担当。ハーバード大学のアントレプレニュアル・ファイナンス・ラボのアソシエイトも兼務する。著書に、『なぜ、「あんな男」ばかりがリーダーになるのか』（実業之日本社）などがある。

9. Why Are We So Bad at Choosing the Right Job?

10

仕事には幸福感ではなく、意義を求めるべきである

スーザン・ペッパーコーン
Susan Peppercorn

"Why You Should Stop Trying to Be Happy at Work,"
HBR.ORG, July 26, 2019.

持続的な満足感を得るために必要なことは何か

仕事と幸福をテーマにした文献は多い——が、被雇用者の八五％が仕事や会社に愛着や情熱を感じていないことを示すギャラップの統計を見ると、どうすればそれを感じられるのかをわかっている人は少ないようだ。

人が生涯で平均して九万時間を職場で過ごすことを思えば、生計を立てるために費やす時間をいかに気持ちよく過ごすかを知ることは重要だ。しかし、これには裏がある。幸福を最大の目的にすると、結果的に、逆の感情を抱くことになる可能性がある。なぜなら、幸福感は（どんな感情もそうだが）永遠に続くものではなく、束の間のものだからだ。

その代わりにどうするかというと、仕事に意義を見出せばよい。

著述家のエミリー・エスファハニ・スミスがあらまし書いているように、仕事や私生活で意味を重んじる人は、持続的な満足感を得る可能性が高い。調査によれば、仕事にやりがいを見出すことは、生産性、エンゲージメント、パフォーマンスを高めるうえで最も効果があるにもかかわらず、方法としてそれほど活用されていない。

被雇用者一万二〇〇〇人を対象としたある調査では、五〇%が仕事に意義や重要性を感じていないと回答した。しかし、意義や重要性を感じていると回答した人は、仕事に対する満足度は一・七倍、仕事や会社に対する愛着・情熱は一・四倍、そしていまの会社にとどまる可能性は三倍以上だった。

転職を考えているエグゼクティブのコーチングを行っていると、仕事にもっとやりがいがほしいというクライアントの声をよく聞く。

たとえばジョン(仮名)は、バイオテクノロジーの会社を立ち上げ、年商二〇億ドルにまで成長させた成功者である。彼を別の企業のCEOに据えたくてうずうずしている投資家がいたが、ジョンは、そうしたはたから見て素晴らしいチャンスを目の前にしながらも、自分がより重視する医療の問題——これまで誰も解決できなかった問題——を解決したいのだと言い、首を縦に振らなかった。

トップとして呼ばれることは光栄だと感じつつも、彼は仕事への長期的な満足やエンゲージメントといった、より多くのものを仕事に求めていた。

働きがいと幸福感の違い

ショーン・エイカーらの調査チームが行った最近の研究により、一〇人中九人が、より意義を感じられる仕事に就けるなら、生涯所得が一定割合減っても構わないと考えていることがわかった。それだけの人が、給料が下がっても意義があると思える仕事をしたいのである。

だが、もっと「意義」を、と言う時、私たちは実際には何を求めているのだろうか。それは、「幸福」とはどう違うのだろうか。

哲学者、学者、芸術家、社会心理学者などは、何年も前からその疑問に答えようとしてきた。心理学者ロイ・バウマイスターらが実施した幸福と意義に関する調査によると、両者は五つの点で異なるという。

①欲しいものや必要なものを手に入れることとの関係

幸福は欲求が満たされることと相関するが、意義は相関しなかった。むしろバウマイスターが書いているように、「良い気分や悪い気分は、意義を感じているかどうかに関係なく出現し、状況が非常に厳しい時でも意義を強く感じられる場合がある」。

たとえばジョンの場合、ＣＥＯという地位によって得られる名声には引かれたかもしれないが、旨味はなくとも意義深いことをしたいという使命感のほうが、名声を得るという欲求に勝っていた。

②時間枠

バウマイスターの調査によれば、幸福は「いま」に直接関係するが、意義は「過去、現在、未来を合わせてつくり上げた、筋道の通った物語からきているようだ」。

ジョンのケースに当てはめると、ＣＥＯになれば当面の幸福は得られたかもしれないが、彼はその瞬発的な幸福感を捨てて、将来を見通した大きな展望や価値観を反映する何かを見つけようとしていた。

③対人関係

人とのつながりは、幸福と意義の両方にとって重要だが、相手との関係性によって、どのような充足感を得られるかがわかるという。

バウマイスターによれば、人を助けることは（生きる）意味に通じ、人から助けられることは幸福につながるという。自分の能力を人のために発揮したいという望みが、ジョンにそのような役割を追求する気持ちにさせたのだろう。

④苦難

ストレス、争い、葛藤は、幸福感を減少させるが、「きわめて意義深い人生を送るためには不可欠なようだ」とバウマイスターは言う。ジョンの例で言えば、やりがいのある仕事を見つけるチャンスを高めるために、CEO職ではなく、より険しい道を進む覚悟をしていた。

⑤個人のアイデンティティ

意味の源泉として重要なのは、自己表現行動・活動だが、そうした行動や活動は、幸福においては「ほとんど無関係」だ。ジョンが別の種類の仕事に引かれるようになったのは、彼が大事だと思うことが変わったことの表れだった。

意味を優先する方法

前述した違いは、あなたが意味のある仕事人生を送るための道しるべとなる。心理学者ニット・ルッソ＝ネッツァーが実施した調査の結果が示しているように、それを追求すれば最終的に幸福にもつながる。

以下、仕事にもっと意義を見出すために踏むことができる、四つの実践的ステップを紹介しよう。

①活動記録をつける

自分が心から充足している（一時的な満足ではなく）と感じるプロジェクトやタスクを見極めよう。あなたが充実していると感じるのは、たとえば、

クライアントにプレゼンをしている時だろうか。たとえば、部下や後輩のメンタリングやコーチングをしている時、いまのこの自分の努力が彼らの将来のためになる、と思って熱が入るだろうか。

②価値観と行動が一致するように、優先するものを決める

メンタリングをしている時に自分らしくいられ、自分を表現できていると感じるなら、毎週定期的にコーチングを行うようにする。自己啓発を信条としているなら、ポッドキャストの視聴や講座の受講を日課にしたり、マスターマインドグループに参加したりする。

③成果だけでなく、人間関係を大事にする

その際には、人の幸福に貢献することが意義を感じることに大きく関係するという、バウマイスターの調査結果を思い出そう。

④「ベストセルフ」（最高の時の自分）のエピソードを職場で共有し合う

人助けの精神で、同僚にとって本当に自己表現ややりがいにつながるのはどのような仕事かを、一緒になって見つける。ダン（ダニエル）・ケーブルは、その著書『脳科学に基づく働き方革命』(注1)で、同僚同士が互いのベストだと思う瞬間を教え合うことを勧めている。これを同僚にやってあげて、自分にもしてくれるよう頼むとよいだろう。

少なくとも短期的には、生きがいやパーパスを持って生きても、幸福にはなれないかもしれない。内省や努力が必要で、最初はもどかしく感じることもあるかもしれない。

しかし、人に貢献することを視野に入れながら、自分らしさを大切にし、いまの仕事の状況に意識的にアプローチすれば、あなたの仕事に内在する価値を見出す能力が鍛えられていくだろう。

スーザン・ペッパーコーン（Susan Peppercorn）

講演家。経営幹部の転職に関するコーチングや講演を行う。『ニューヨーク・タイムズ』『ウォール・ストリート・ジャーナル』『ファスト・カンパニー』『ボストン・グローブ』『SELFマガジン』など多数の媒体からキャリア・アドバイスを求められている。著書に*Ditch Your Inner Critic at Work*（未訳）などがある。

Harvard Business Review
Emotional Intelligence PURPOSE, MEANING + PASSION

11

トムスは「WHY」を信じる

ブレイク・マイコスキー
Blake Mycoskie

"The Founder of TOMS on Reimagining the Company's Mission," HBR, January–February 2016.

自分を見つめ直すための長期休暇

私は二〇一二年の秋、我ながら意外な行動に踏み切った。サバティカル（長期休暇）を取ってトムス（TOMS）の仕事から離れたのだ。ただし、よくありがちな世界を旅して回るという休暇ではなかった。妻のヘザーとともに、故郷のテキサス州オースティンに引っ越したのだ。物理的にも精神的にも会社から距離を置くことで、自分の気持ちとじっくり向き合うことにしたのである。

トムスはカリフォルニア州ベニスの私の自宅アパートで誕生した後、設立から六年で三億ドル以上の売上げを誇るグローバル企業へと成長した。私は依然として株式の一〇〇%を保有し、靴が一足売れるごとに貧困地域の人々に靴を一足贈るという約束を守っていた。

にもかかわらず、私の気持ちは冷めていた。毎日が単調で、日々の運営業務に携わる幹部の大半とのつながりが途絶えていた。かつては私の存在理由だったものが、単なる仕事のように感じられたのだ。

数カ月仕事から離れた間に、私は、私個人の「WHY」（なぜ）について自問自答を繰り返した。会社を立ち上げたのはなぜか、創業初期に人々が賛同してくれたのはなぜか、その理由はわかっていた。それに私はまだ、会社のミッションや私たちが与えているインパクトを信じていた。

ところが、なぜこの事業を今後も推し進めていきたいのか、もうわからなくなっていた。いや、自分がそれを望んでいるのかさえも定かではなかった。

やがて自分でもハッとする結論に達した。自分を見失ったような気がするのは、トムスが目的よりプロセスを重視するようになったからだ、と。「WHAT」(何)を「HOW」(どのように)してスケールアップするかに集中するあまり、何よりも重要なミッションを見失っていたのだ。

我が社のミッションとは、事業を通じて生活を改善することである。まさにこれが我が社の最大の競争優位であり、このミッションによって顧客と心を通わせ、社員のやる気を促すことができる。なぜなら自分より大きなムーブメント(社会的な活動)のために物を買ったり、働いたりしているのだとわかるからだ。

会社から離れていた間にたっぷり充電して、私は仕事に戻った。私の使命は明確だった。すなわち、トムスを再び活性化させることである。

トムス創業のアイデアはこうして生まれた

トムス創業のアイデアが浮かんだのも、一種のサバティカルのような休暇を取った時のことだった。私はそれ以前にいくつかの会社（宅配のクリーニング屋、屋外広告の代理店、オンラインの自動車運転教育サービスなど）を設立し、売却していた。その後少々寄り道をして、リアリティ番組に携わった（『アメージング・レース』という番組では妹とレースに参加し、リアリティ番組専門のケーブルテレビ局を設立するなどした）。

これらの経験を経て、二〇〇六年にしばらく仕事から離れてアルゼンチンでポロ競技を学ぶことにした。こう話すと、仕事や趣味の珍妙な取り合わせのように聞こえるだろう。しかし私は常に、その時々で関心のあることを追求する時がいちばん幸せなのだ。

ブエノスアイレス滞在中に、私はある女性と知り合った。彼女は、貧しい農村地域の子どもに靴を寄贈する非営利団体で働いており、私に一緒に来ないかと声をかけてくれた。その経験が私の人生を一変させたのである。

私たちは、どこに行っても歓声と涙で出迎えられた。あるところで出会った一〇歳と一二歳の兄弟は、一足しかない靴を共用していた。しかも大人サイズの靴だった。

地元の学校では靴を履いて登校することが義務づけられていたので、この兄弟は交互に登校しなければならなかった。この子たちの足にフィットした靴を母親に渡すと、彼女は涙を流して喜んだ。こんなにささやかな行動が人々の生活に大きな影響を及ぼすとは、まったく思いもよらなかった。

何かこれ以上のことをしようと私は決意した。帰国して友人たちからお古をもらったり、金銭的に援助してもらったりするのではなく、一足売れるたびに一足贈るという考え方で営利企業を立ち上げることにした。私はその会社をシューズ・フォー・トゥモロー（Shoes for Tomorrow）と名づけた。

社名は後に、トゥモローズ・シューズ（Tomorrow's Shoes）に短縮され、最終的には靴につける小さなタグに収まるようにTOMSになった（いまだに私に会うと困惑する人々がいる。というのも、彼らはトムという名前の男性が応対すると思っているからだ）。

私はポロのインストラクターであるアレホとともに、地元の靴メーカーに頼んで、アルゼンチン人が一〇〇年前から履いていたアルパガータというキャンバス地の靴を少々ファッショナブルにしたものをつくってもらった。

エリック・リースの『リーン・スタートアップ』(注1)に載っている言葉を借りるなら、この最初の靴は「実用最小限の製品」(Minimum Viable Product：MVP)だった。というのも接着剤のシミがついているうえに、USサイズではなくアルゼンチンのサイズで、一足ごとに微妙にサイズ感も違うというありさまだったからだ。

とはいえ、ロサンゼルスの私の友人たちを対象にコンセプトを試してみるには、これでも十分だった。私の目標は、二五〇足を販売して二五〇足をアルゼンチンに寄付するというものだった。

米国に戻ると、女友だちからアドバイスを仰ぐためにディナーパーティを催した。彼女たちは靴を気に入ってくれた。恵まれない子どもたちを助けるためだというビジョンを説明すると、さらに喜んでくれた。小売店の役目を果たすかもしれない地元のブティックについても、いくつか教えてもらった。

私はそのうちの一つであるアメリカンラグに出向き、靴のバイヤーと商談をさせてほしいと頼んだ。品質や価格だけでは勝負にならないのは自覚していたので、なぜこの靴を販売し、寄付したいのかをバイヤーに説明した。この店舗は、我が社の靴を扱う小売店の第一号になった。

それからまもない、ある土曜日の朝のことだ。着信を知らせるブラックベリーのバイブレーションで私は目を覚ました。その当時、トムスのウェブサイトで売上げが上がるたびに、私の携帯電話には通知メールが届く仕組みになっていた。通常は、家族や友人からの注文だけだったが、予想外の売上げを知らせるメールが入って喜ぶ時もあった。

ただしこの日、私の携帯電話はひっきりなしに鳴り続けた。朝食を兼ねた昼食を取りながら、『ロサンゼル・スタイムズ』紙のページをめくった。ファッション担当の記者がトムスについて短い記事を書いているだろうと思ったのだ。ところがふたを開けてみると、「カレンダー」という別刷りセクションの一面でトムスが紹介されていたのである。

最終的には、その日のうちに二二〇〇足が売れた。信じられないほどの快挙だったが、これは会社のサプライチェーン・マネジメントが最初に直面した課題でもあった。私のアパートに残っている在庫は、二〇〇足未満だったのだ。

その後の半年間で、私はインターンたちとともに、「靴のプロジェクト」を実際の会社へと変身させた。『ヴォーグ』『ピープル』『タイム』『エル』などの雑誌も続々と取り上げてくれた。ほどなくしてトビー・マグワイア、キーラ・ナイトレイ、スカーレット・ヨハンソンといったセレブたちがトムスの靴を履いている写真を目にするようになった。ノードストロームからは、我が社の靴を扱いたいという強い要請を受けた。

この年の夏が終わるまでに、一万足の靴が売れた。トムスの「WHY」は明らかに共感を呼んだのである。

停滞した理由

二〇一一年までにトムスは（五年連続して）年率三〇〇％で急成長を遂げ、一〇〇〇万足目の靴を寄贈した。当初、一足売れるたびに一足贈るという「ワン・フォー・ワン」（One for One）のモデルは、従来思考のビジネスパーソンには「立派だが財務的に持続可能ではない」と見なされ、まともに取り合ってもらえなかった。しかし、これが成功したのは間違いなかったので、我が社はこのモデルをアイウェアにも適用させる決定を下した。アイウェアが売れるたびに、眼鏡を贈るか、視力回復の治療を援助するというものだった。

　これ以外にも差別化の要素はあった。まず売上げの三分の一は、直営のオンラインショップによるものだった。また五〇〇万人ものソーシャルメディアのフォロワーのクチコミで情報が広がることを想定し、従来の広告宣伝には実質的に一銭もかけなかった。

　二〇一二年九月に、ヘザーと私は結婚した。日常業務の管理には経験豊かな幹部をすでに雇い入れていたこともあり、会社設立以来、初めて休みが取れると思った。ホッと一息ついたものの、心はざわめいていた。スタートアップ時の興奮や仲間意識は、階層的な文化に取って代わられようとしていた。性格の不一致や言い争いで上層部は行き詰まり、その雇い入れた幹部が「前職時代に使っていた業務プロセスやシステムと同様のものを導入すべきだ」と主張することもあった。

　組織としてすでに構築したものを守ろうとするあまり、誰一人として新たな可能性について考えなくなっていた。長年勤めた社員たちが、もっと起業家志向にあふれた組織に転職し始めていることに気づいた。そして、彼らに追随したいとひそかに思っている自分自身がいた。

私には会社をいくつも設立して売却した経験があったが、この会社は違った。私にとってトムスは会社以上のものだった。私の人生だったのだ。それゆえにこの不安定な時期は、まるで結婚生活で問題を抱えているかのようだった。伴侶のように魂が引かれ合うビジネスパートナーに出会ったと思ったのに、熱は冷めてしまっている。どうすべきだろうか。

私にとってのサバティカルは、夫婦カウンセリングを受けるようなものだった。私は、伴侶を見捨てなかった。よりを戻せるかどうかを確認するための努力をしていたのだ。純然たる事業の問題だったら、戦略をめぐるオフサイト会議を主催しただろう。ところが、これは会社の問題であると同時に私個人の問題でもあった。すなわち、会社の将来の進路と、そこでの自分の役割を見出す必要があったのだ。それに私は、一人きりで考えた時に最も能力を発揮するタイプである。

テキサス州オースティンに向かって出発する際には、大げさにならないように気をつけた。人々には、長めのハネムーンのような休暇なのだと説明した。

しかし、オースティンにいざ到着すると、じっくり時間をかけて自分と向き合った。的確な助言や刺激を与えてくれそうな人だと思ったら、誰とでも話をするようにもなった。私を指導してくれたエグゼクティブコーチ、知り合いの起業家、尊敬する会社や非営利団体のリーダーたちとも定期的に対話した。社会的企業や国際開発の専門家から学ぶために、米国各地で行われるカンファレンスに足を運んだ。

サイモン・シネックの名書『WHYから始めよ！』(注2)を読んだのもこの頃である。同書は、マルティン・ルーサー・キング牧師のように人々を鼓舞して行動を促すリーダーや、アップルのように並んででも買いたくなる強力な製品を開発する会社を研究したものだ。著者のシネックいわく、このようなムーブメントを構築して維持できるのは、「WHY」によって突き動かされている時だけだという。あなたの信じているものを人々も信じるようになれば、彼らはあなたに従い、あなたから買うというわけだ。

この見解について考えるにつれ、トムスは「WHY」からどんどん乖離していたのだという認識が深まった。創業初期は、常に私たちのストーリーを語ることでムーブメントを導いていた。私たちは靴を売っていたのではない、一足売れるごとに、靴を必要とする子どもたちが直接、目に見え触ってわかる形で恩恵を受けるという約束を売っていたのだ。

ところが我が社は急成長を続けたいがあまり、このミッションから遠ざかり、他の靴メーカーと同じように、「ＷＨＡＴ」と「ＨＯＷ」で競争するようになった。野心的な売上目標を達成すべく、過去に前例のない取り組みまで始めていた。つまり、ウェブサイトで特別セールや値引きの宣伝を始めたのだ。パーパスではなく、商品に焦点を当てたマーケティングをしている印象が急激に強まっていた。このような間違いの最終的な責任は、トムスのリーダーである私が背負うべきものだ。この事実はつらくても受け入れなければならなかった。

もう一つの突破口は、ダラス・カウボーイズの試合をきっかけに見出した。私は観戦中に、ジョー・フォードという人物に紹介された。聞けば、彼の息子であるスコットも事業を通じて人々の生活向上を目指しているが、スコットの場合はルワンダのコーヒー取引を足がかりにしているという。コーヒーのサプライチェーンにおける水の重要性について、ジョーは説明してくれた。コーヒー豆の加工時に汚い水ではなく清潔な水を使うと、単なる消費財としてのコーヒーではなく、スペシャルティコーヒーとなり、格段に高い値段で売れるそうだ。

スコットの会社、ウェストロックコーヒーはルワンダの生産者を支援しており、コミュニティ所有の洗い場を建設することで、作物の価値を高めたり、水による感染症の拡大を予防したりする手助けをしていた。また、生産者から直接買い入れて中間業者を排除し、コーヒー業界における不公平な価格統制の解消を促すとともに、生産者を食い物にする高利貸しに代わって低金利のローンを提供した。しかし最も優れている点は、ウェストロックが素晴らしいコーヒーを販売する黒字会社であることだった。

スコットに会った後、やがて私はこう気づいた。トムスがコーヒーの新事業を始めれば本当の意味でインパクトがありうるし、私自身も落ち込みから抜け出せるかもしれない、と。ほとんどの起業家と同じように、私は何か新しいことを始め、人々をアッと言わせることをすると気分がハイになる。靴のビジネスで成功したことは誰も疑わなかったが、私たちがコーヒーも販売できると想像する人はめったにいなかっただろう。

この事業拡大によって、トムスが新たな小売り体験を提供する道が開ける。まさにこれが、かねてから私が取り組みたいことだったのだ。開店したカフェをコミュニティの集いの場として活用すれば、トムスの「WHY」を軸にアイデアを交換し、お互いを刺激し、客同士のつながりを促すことができる。このビジョンとそれに伴うチャレンジを考えると、私は生き返った気がした。

そこで我が社の上級幹部たちに、私のアイデアを説明した。靴と同じように、トムス・ロースティングはワン・フォー・ワンのモデルを基盤にした。すなわちコーヒーが一袋売れるたびに、恵まれない人々に一週間分に相当する水を提供するというものだ。

彼らからゴーサインが出るとすぐに、社員のなかから少人数の人員を集めてプロジェクト(「麻袋」というコード名をつけた)をスタートさせた。私たち夫婦はまだオースティンに住んでいたが、この計画についてヘザーと話し合いを重ねるにつれ、彼女は、サバティカルを終えるべき時が来たと考えるようになった(ヘザーはトムスの創業初期の社員で、たいていの人々よりも会社の事業や私のことを理解していた)。

ちょうど家を買ったばかりで、オースティンでは素晴らしい友人もたくさんできた。しかし、二〇一三年初頭に、彼女はこう告げたのだ。「ブレイク、私たちはロサンゼルスに戻る必要があるわ」。再びトムスの経営に全力を傾けるならば、遠く離れたところにとどまるわけにはいかなかった。

ようやく上がった復活ののろし

会社に戻るのは最高の気分だった。ところが、私はすぐさま創業者が復帰した時にやりがちな間違いを犯した。

まず、コーヒー事業を通じてトムスの「ＷＨＹ」を再生させるというビジョンについて、考え抜いた計画を示さずに、大枠を説明してしまった。そのため、社員の一部は不安を覚えたのである。

第二に、私自身がブランドマーケティングとコミュニケーションを陣頭指揮できるよう、我が社のＣＭＯ（最高マーケティング責任者）に辞任を求めた。新事業を統合するだけでなく、顧客の情熱を再び呼び起こすという面においても、これらは新たな方針の重要なカギであり、私自身が掌握すべきと思われたからだ。

しかし、私はすぐに考えを改めた。なぜなら、私はマーケティングやその他の部門を運営するよりも、創業者の役割に徹してビジョンを形成し、それを全米で説いて回るほうが向いていたからだ。

これらのつまずきがあったにもかかわらず、私たちは二〇一三年末までに全米のホールフーズマーケットの店舗でコーヒー事業を開始し、直営のカフェを三店舗オープンし、海外進出の可能性を検討するようになった。

この時点で、世界中の恵まれない人々に一七万五〇〇〇週分以上に当たる清潔な飲み水を提供していた。この新製品によってPRが盛んに行われ、顧客は再びトムスに胸を躍らせるようになった。ただし最も重要なのは、社員がこの新事業をきっかけに壮大な構想を練り、現状に疑問を抱き、事業のミッションを再認識するようになったことだと思われる。

私自身もさらに大局的な視点で物事を考えるようになった。私の最終目標は、世界で最も影響力があり、人々を動かす会社をつくることだと気づいた。それが実現するのは、もっと多くの支援が得られた場合のみだった。

そこで私は、プライベート・エクイティ・ファンドとの接触を決意した。スタートアップ企業が次の成長段階に進むのを支援した実績を誇る数社だけに絞ってミーティングを持ち、さらに徹底的な調査を行った末、私は二〇一四年の半ばに、トムスの株式の五〇%をベインキャピタルに売却した。同社とは、私自身の役割と責任を明確に定めて、世界的に知られるCEOを雇うことで合意した。

私たちが探し当てたCEOのジム・アリングは、トムスのコアバリューを自ら体現する人間だ。「コーヒーに関する決定」をめぐっては少々悩んだようだが、この動きにどういう意味があるかを理解してくれた（彼はこれまでにスターバックスの要職を歴任していた）。

トムス・ロースティングは、大手のコーヒーチェーンと競い合うための取り組みではない。コミュニティとの関わりを再び深め、より多くの人を助けるための大胆な動きなのだ。この一年間でジムは我が社に揺るぎない安定をもたらし、戦略的な思考方法を浸透させた。現在私たちは、貧困地域の女性が安全に出産する資金を提供するためのバッグと、いじめ撲滅プログラムを支援するためのバックパックを販売している。

トムス創業一〇周年を間近に迎えたいま、私はこれまで以上にエネルギーにあふれ、全身全霊を傾けていると感じている。ここまで到達した現在でも、私たちのムーブメントには依然として成長のチャンスが満ちていると思われる。トムスの「ＷＨＹ」、すなわち事業を通じて人々の暮らしを改善することには大きな意味がある。私自身や我が社が売る靴、そして今後私たちが投入する可能性のあるどんな商品よりも、だ。

これまで築き上げたことの影響力に気づき、それをいっそう前進させる最良の方法を自覚することができたのは、まさにサバティカルのおかげである。明確なパーパスを持ち、私を支えてくれるパートナーたちに囲まれた現在、私には心構えができている。我が社の次の一〇年を見据え、私たちを待ち構える多くの冒険に挑むつもりだ。

ブレイク・マイコスキー（Blake Mycoskie）
トムス創業者。一九七六年生まれ。アルゼンチン滞在中に靴を持てない子どもたちを見たことから、「一足の靴が売れたら、靴を必要とする子どもに靴を一足プレゼントする」という「ワン・フォー・ワン」のビジネスモデルで二〇〇六年にトムスを創業。この「ワン・フォー・ワン」のモデルは靴だけでなく、アイウェア事業による視力回復、コーヒー事業による安心安全な水、さらにはバッグ事業による安全な出産と広がっている。

11. The Founder of TOMS on Reimagining the Company's Mission

A Meta-Analysis of Person-Job, Person-Organization, Person-Group, and Person- Supervisor Fit," *Personnel Psychology* 58 (2005); and A. Bhaduri, *Don't Hire the Best: An Essential Guide to Building the Right Team* (Hogan Press, 2013).

9. 理想はわかっているのに、なぜ仕事選びに失敗するのか

1） Tomas Chamorro-Premuzic, *Why Do So Many Incompetent Men Become Leaders?: (And How to Fix It)*, Harvard Business Review Press, 2019.

10. 仕事には幸福感ではなく、意義を求めるべきである

1） Daniel M. Cable, *Alive at Work: The Neuroscience of Helping Your People Love What They Do*, Harvard Business Review Press, 2018.（邦訳『脳科学に基づく働き方革命』日経BP）

11. トムスは「WHY」を信じる

1） Eric Ries, *The Lean Startup: How Today's Entrepreneurs Use Continuous Innovation to Create Radically Successful Businesses*, Crown Business, 2011.（邦訳『リーン・スタートアップ――ムダのない起業プロセスでイノベーションを生みだす』日経BP）

2） Simon Sinek, *Start with Why: How Great Leaders Inspire Everyone to Take Action*, Portfolio, 2011.（邦訳『WHYから始めよ!――インスパイア型リーダーはここが違う』日本経済新聞出版）

4.「天職」ではない仕事に意義を見出す方法

1) E. Esfahani Smith and J. L. Aaker, "Millennial Searchers," *New York Times*, November 30, 2013; and A. Wrzesniewski et al., "Jobs, Careers, and Callings: People's Relations to Their Work," *Journal of Research in Personality* 31 (1997).
2) Bureau of Labor Statistics, U.S. Department of Labor, "Retail Salespersons and Cashiers Were Occupations with Highest Employment in May 2015," *The Economics Daily*, November 2017.
3) Adam Grant, "In the Company of Givers and Takers," *Harvard Business Review*, April 2013.（邦訳「マネジメントで助け合う組織をつくる」『DIAMONDハーバード・ビジネス・レビュー』2013年12月号）

5. 仕事もキャリアも人生も、パーパスがなければ輝かない

1) P. L. Hill and N. A. Turiano, "Purpose in Life as a Predictor of Mortality Across Adulthood," *Psychological Science* 25, no. 7 (2014).

7. 部下がパーパスに目覚める五つの質問

1) Deloitte, "2016 Deloitte Millennial Survey: Winning Over he Next Generation of Leaders," 2016.
2) R. R. Vallacher and D. M. Wegner, *A Theory of Action Identification* (Hillsdale, NJ:Lawrence Erlbaum Associates, 1985).

8. 部下に有意義な仕事をさせるリーダーとは

1) "The Most and Least Meaningful Jobs," Payscale.
2) T. A. Judge et al., "The Relationship Between Pay and Job Satisfaction: A Meta-Analysis of the Literature," *Journal of Vocational Behavior* 77,no.2 (2010).
3) M. F. Steger, "Measuring Meaningful Work: The Work and Meaning Inventory (WAMI), "*January of Career Assessment* 20,no.3(2012);G. Spreitzer et al., "A Socially Embedded Model of Thriving at Work," *Organization Science* 16,no.5(2005);and C. M. Gartenberg et al., "Corporate Purpose and Financial Performance," Columbia Business School Research Paper no. 16-69, June 30, 2016.
4) M. Carton, "'I'm Not Mopping the Floors, I'm Putting a Man on the Moon': How NASA Leaders Enhanced the Meaningfulness of Work by Changing the Meaning of Work," *Administrative Science Quarterly*, 2017; and C. A. O'Reilly et al., "The Promise and Problems of Organizational Culture," *Group and Organization Management* 39, no. 6 (2014).
5) A. Wrzesniewski and J. E. Dutton, "Crafting a Job: Revisioning Employees as Active Crafters of Their Work," *Academy of Management Review* 26, no. 2 (2001).
6) H. B. Kappes and G. Oettingen, "Positive Fantasies About Idealized Futures Sap Energy," *Journal of Experimental Social Psychology* 47, no. 4 (2011).
7) T. Schnell et al., "Predicting Meaning in Work: Theory, Data, Implications," *Journal of Positive Psychology* 8, no. 6 (2013); A. L. Kristof-Brown et al., "Consequences of Individuals' Fit at Work:

注

1. あなたは仕事に意義を感じているか

1） "Employee Engagement Research Report," Blessing White, January 2013.

2） Teresa Amabile and Steve Kramer, "What Makes Work Worth Doing?" HBR.ORG, August 31, 2012.（邦訳「どんな仕事にも『やりがい』を見出すことは、可能なのか」DHBR.net, 2013年12月3日）

3） Paul R. Lawrence and Nitin Nohria, *Driven: How Human Nature Shapes Our Choices*, Jossey-Bass, 2001. (J-B Warren Bennis Series Book 159) 1st Edition, Kindle Edition.（邦訳『ハーバード・ビジネススクールの〈人間行動学〉講義――人を突き動かす4つの衝動』ダイレクト出版）

4） Robert D. Putnam, *Bowling Alone: The Collapse and Revival of American Community*, Simon & Schuster, 2000.（邦訳『孤独なボウリング――米国コミュニティの崩壊と再生』柏書房）

5） Daniel H. Pink, *Drive: The Surprising Truth About What Motivates Us*, Riverhead Hardcover, 2009.（邦訳『モチベーション3.0――持続する「やる気!」をいかに引き出すか』講談社）

2. 仕事への情熱を失ったら、四つの方法で乗り越える

1） E. O'Boyle and A. Mann, "American Workplace Changing at a Dizzying Pace," Gallup News, February 15, 2017.

2） K. Brooks, "Job, Career, Calling: Key to Happiness and Meaning at Work?" *Psychology Today*, June 29, 2012.

3） J. M. Berg, J. E. Dutton, and A. Wrzesniewski, "What Is Job Crafting and Why Does It Matter?" working paper, Center for Positive Organizational Scholarship, Ross School of Business, University of Michigan, 2007.

4） L. Lee, "Should Employees Design Their Own Jobs?" *Insights by Stanford Business*, January 22, 2016.

5） "The Positive Effect of Creative Hobbies on Performance at Work," *Psy Blog* (blog), April 28, 2014.

3. パーパスとは見つけるものでなく、自らつくるものである

1） John Coleman et al., *Passion & Purpose: Stories from the Best and Brightest Young Business Leaders*, Harvard Business Review Press, 2011.

2） Kabir Sehgal, "Why You Should Have (at Least) Two Careers, " HBR.ORG, April 25, 2017.（邦訳「2つ以上のキャリアを持つことは、すべての仕事に好影響を与える」DHBR.net, 2017年7月28日）

『Harvard Business Review』（HBR）とは

ハーバード・ビジネス・スクールの教育理念に基づいて、1922年、同校の機関誌として創刊され、エグゼクティブに愛読されてきたマネジメント誌。また、日本などアジア圏、ドイツなど欧州圏、中東、南米などでローカルに展開、世界中のビジネスリーダーやプロフェッショナルに愛読されている。

『DIAMONDハーバード・ビジネス・レビュー』（DHBR）とは

HBR誌の日本語版として、米国以外では世界で最も早く、1976年に創刊。「社会を変えようとする意志を持ったリーダーのための雑誌」として、毎号HBR論文と日本オリジナルの記事を組み合わせ、時宜に合ったテーマを特集として掲載。多くの経営者やコンサルタント、若手リーダー層から支持され、また企業の管理職研修や企業内大学、ビジネススクールの教材としても利用されている。

佐宗邦威（さそう・くにたけ）
株式会社BIOTOPE CEO / Chief Strategic Designer
東京大学法学部卒。イリノイ工科大学デザイン学科（Master of Design Methods）修士課程修了。P&Gにて、ファブリーズ、レノアなどのヒット商品のマーケティングを手がけた後、ジレットのブランドマネージャーを務めた。ヒューマンバリュー社を経て、ソニー株式会社クリエイティブセンター全社の新規事業創出プログラム（Sony Seed Acceleration Program）の立ち上げなどに携わった後、独立。BtoC消費財のブランドデザインや、ハイテクR&Dのコンセプトデザイン、サービスデザインプロジェクトを得意としている。
著書に、『ひとりの妄想で未来は変わる VISION DRIVEN INNOVATION』（日経BP）、『直感と論理をつなぐ思考法 VISION DRIVEN』（ダイヤモンド社）、『21世紀のビジネスにデザイン思考が必要な理由』（クロスメディア・パブリッシング）。
多摩美術大学特任准教授。大学院大学至善館准教授。

ハーバード・ビジネス・レビュー［EIシリーズ］
働くことのパーパス

2021年2月2日　第1刷発行

編　者——ハーバード・ビジネス・レビュー編集部
訳　者——DIAMONDハーバード・ビジネス・レビュー編集部
発行所——ダイヤモンド社
〒150-8409　東京都渋谷区神宮前6-12-17
https://www.diamond.co.jp/
電話／03·5778·7228（編集）　03·5778·7240（販売）

ブックデザイン——コバヤシタケシ
製作進行——ダイヤモンド・グラフィック社
印刷————勇進印刷（本文）・加藤文明社（カバー）
製本————ブックアート
編集担当——前澤ひろみ

ISBN 978-4-478-10602-0